新丝路·语言

हिन्दी पाठ्यपुस्तक

印地语基础教程

（第二版）

第二册

金鼎汉　张双鼓　编著

北京大学出版社
PEKING UNIVERSITY PRESS

图书在版编目(CIP)数据

印地语基础教程. 第二册 / 金鼎汉，张双鼓编著. —2版. —北京：北京大学出版社，2019.1
（新丝路·语言）
ISBN 978-7-301-30201-9

Ⅰ. ①印⋯ Ⅱ. ①金⋯ ②张⋯ Ⅲ. ①印地语—高等学校—教材 Ⅳ. ①H712

中国版本图书馆 CIP 数据核字 (2019) 第 001126 号

书　　　名	印地语基础教程（第二版）（第二册） YINDIYU JICHU JIAOCHENG
著作责任者	金鼎汉　张双鼓　编著
责 任 编 辑	严　悦
标 准 书 号	ISBN 978-7-301-30201-9
出 版 发 行	北京大学出版社
地　　　址	北京市海淀区成府路 205 号　100871
网　　　址	http://www.pup.cn　　新浪微博: @北京大学出版社
电 子 信 箱	pkupress_yan@qq.com
电　　　话	邮购部 010-62752015　发行部 010-62750672　编辑部 010-62754382
印 刷 者	北京虎彩文化传播有限公司
经 销 者	新华书店
	650 毫米 ×980 毫米　16 开本　17.5 印张　250 千字 1992 年 5 月第 1 版 2019 年 1 月第 2 版　2020 年 7 月第 2 次印刷（总第 3 次印刷）
定　　　价	58.00 元

未经许可，不得以任何方式复制或抄袭本书之部分或全部内容。
版权所有，侵权必究
举报电话: 010-62752024　电子信箱: fd@pup.pku.edu.cn
图书如有印装质量问题，请与出版部联系，电话: 010-62756370

第二版前言

《印地语基础教程》(1—4册)于1992年5月出版,至今已有26年,可谓一套"有故事"的教程。所谓"有故事",一是该书"老"。写就于1991年11月的"前言"称,该书完稿于1988年,打印成讲义试用;其实不然,我1985年入学时使用的就是这套教程,记得是油印的厚厚的讲义,A4大小,装订不太美观。所以,在1988年之前该套教程已经试用过了。这样算来,这套教程起码已有30多年的历史。二是参与编写者众。版权页有金鼎汉、马孟刚、唐仁虎和张双鼓四位老师,"前言"中提及了殷洪元、刘安武、彭正笃、李晓岚和张德福五位老师,另有印度专家古普塔先生,还有没有提到名字的其他老师。当时中国只有北京大学一所高校教授印地语,相关老师自然十分看重这套教程,都愿意为之添砖加瓦。三是使用学生多。从1985年到2017年,北京大学印地语专业一直使用这套教材,1985级学生现已50多岁,2017级学生刚刚20岁左右,可见该套教程影响了多少代学人!

一套教材使用30余年而不衰,有"新书未出"之原因,更有暂无匹敌之理由。几十年来,我们从未产生过必须更换这套教程的念头。在教学过程中,也会发现某些错漏,比如个别地方打印有错、个别提法稍嫌过时等,但总体不违和,教程的时代气息并不陈腐。这套教程的经典性和权威性可见一斑。实际上,这套教程凝聚了中国几代印地语学人的学识，饱含中国最具事业心的第一、第二代学人的精神。中国的印地语专业开设于1942年，殷洪元先生1945年入学，而后留校任教，该书有他的贡献；刘安武先生1951年春入学，而后留校任教，该书有他的心血；金鼎汉和马孟刚两位先生1951年秋入学，该书是他们最为重要的成果。所以，该套教程可谓中国印地语的瑰宝，是"压箱底"之作，其光辉不因时间而消失。

综上，这套教程经典意义和实用价值并存。自2000年以来，这套教程就已不见于市场，学生一直使用复印本，大有穷酸之嫌。如今，北京大学出版社决定再版，以飨教者和学者。这是一件大好事。

旧版经典，新版不改。不过，相比旧版，新版仍有些许变化：其一，改错，原有的打印错漏，或词性，或拼写，都已纠正；其二，个别说法已然过时，比如教程中的"苏联"等，新版已改为"俄罗斯"；其三，个别数据早已不确，比如中国的人口数量等，新版也已换成新值；其四，增加配套录音，以二维码形式为载体。此外，旧版是老式打字机打印出来的，难免有涂改不清和油墨深浅不一之处，排版也有不整齐不统一的地方，新版采用电脑打印，避免了诸多缺失，为"经典"进行了美观化处理。

再版不是重印，有很多工作需要完成。首先是排版打印，其次是校对、纠错，还有联络协调等工作，这方面，姜永红老师最为辛苦，李亚兰老师、王靖老师、赖微、胡钧杰等同学也付出了时间和精力，感谢他们！感谢所有为再版工作付出辛劳的人！

姜景奎

北京燕尚园

2018年5月29日

विषय-सूची

第一课　पहला पाठ ······ 1
第二课　दूसरा पाठ ······ 18
第三课　तीसरा पाठ ······ 30
第四课　चौथा पाठ ······ 46
第五课　पांचवां पाठ ······ 64
第六课　छठा पाठ ······ 81
第七课　सातवां पाठ ······ 97
第八课　आठवां पाठ ······ 114
第九课　नौवां पाठ ······ 130
第十课　दसवां पाठ ······ 145
第十一课　ग्यारहवां पाठ ······ 158
第十二课　बारहवां पाठ ······ 173
第十三课　तेरहवां पाठ ······ 187
第十四课　चौदहवां पाठ ······ 201
第十五课　पंद्रहवां पाठ ······ 216
第十六课　सोलहवां पाठ ······ 227
基数词 ······ 239
शब्द-भंडार ······ 243

1

第一课   पहला पाठ

पाठ	रवीन्द्रनाथ ठाकुर
बातचीत	नये छात्र से मिलना
व्याकरण	1. 动词进行时
	2. 后置词 पर

 पाठ

रवीन्द्रनाथ ठाकुर

रवीन्द्रनाथ ठाकुर विश्व के एक महान कवि और विचारक थे। बचपन में उन के घर का वातावरण बहुत अच्छा था। वहां दिन-रात साहित्य, कला और धर्म की चर्चा होती थी। इसलिए उन्होंने छोटी आयु में ही कविता लिखना शुरू किया। ग्यारह वर्ष की उमर में उन्होंने शेक्सपियर के एक नाटक का बंगला में अनुवाद किया।

सत्रह वर्ष की आयु में वे विदेश गए। वहां से लौटने पर उन्होंने साहित्य का कार्य शुरू किया। उन्होंने कविता, कहानी, उपन्यास, नाटक आदि सभी कुछ लिखे और साहित्य की खूब श्रीवृद्धि की।

सन् 1901 में उन्होंने शांतिनिकेतन नामक एक विद्यालय स्थापित किया।

इस विद्यालय में जाति-पांति का कोई भेदभाव नहीं था। खुली जगह में पेड़ों के नीचे कक्षाएं लगती थीं। अध्यापक विद्यार्थियों में विश्वप्रेम की भावनाएं भरते थे।

सन् 1912 में वे दूसरी बार विदेश गए। उनकी "गीतांजलि" नामक कविता-संग्रह का अंग्रेज़ी अनुवाद प्रकाशित हुआ। इस पर उन्हें 1913 में नोबेल पुरस्कार मिला। उन्होंने अमेरिका, फ़्रांस, चेकोस्लोवाकिया, चीन, जापान आदि अनेक देशों की यात्रा की। हर जगह उन का अभूतपूर्व स्वागत हुआ।

उनकी प्रतिभा अभूतपूर्व थी। वे स्वयं अपने नाटकों के कुछ पात्रों का अभिनय करते थे। वे अपने गीतों को एक विशेष शैली में गाते थे। अधेड़ उमर में उनका झुकाव चित्रकला की ओर हुआ। शीघ्र ही उन्होंने उसमें भी अपनी विलक्षण प्रतिभा दिखलाई। कला-पारखियों ने उनके चित्रों को खूब सराहा।

रवीन्द्रनाथ ठाकुर केवल कवि और कलाकार ही नहीं, बल्कि एक महान देशभक्त भी थे। जब अंग्रेज़ोंने निहत्थे भारतीयों पर गोली चलाई, तो उन्होंने अपनी "सर" की उपाधि अंग्रेज़ों को लौटा दी। भारत का राष्ट्र-गान उन्हीं की रचना है।

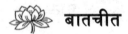

बातचीत

नये छात्र से मिलना

कः क्षमा कीजिये, क्या आप हिन्दी के छात्र हैं?

खः जी हाँ, मैं आप की क्या सेवा कर सकता हूँ?

कः मैं हिन्दी पढ़ने के लिये अभी आयी।

खः अच्छा, आप का स्वागत। आप कब आयीं?

कः मैं कल शाम को यहाँ आयी।

खः आप कहाँ से आयीं?

कः मैं शीआन से आयी।

खः क्या आप रेलगाड़ी से यहाँ आयीं?

第一课　पहला पाठ

क : जी हाँ, मैं रेलगाड़ी से बेइजिंग पहुँची।
ख : क्या आप स्टेशन की बस से सीधे यहां आयीं?
क : जी नहीं, मैं स्टेशन के आसपास कुछ देर घूमी, फिर मैं स्टेशन की बस से आयी।
ख : क्या आपने दोपहर का भोजन अच्छी तरह किया?
क : जी हाँ, मैंने ठीक से भोजन किया।
ख : अच्छा, आप आराम कीजिये।
क : धन्यवाद।
ख : अच्छा, फिर मिलेंगे।

शब्दावली

（क）

रवीन्द्रनाथ ठाकुर（人名）罗宾德罗纳特·泰戈尔
कवि（阳）诗人
विचारक（阳）思想家
बचपन（阳）童年
वातावरण（阳）气氛，环境
चर्चा（阴）谈论
की---होना（不及）谈论
आयु（阴）年龄
कविता（阴）诗，诗篇
वर्ष（阳）年
धर्म（阳）宗教

उमर（阴）年龄
शेक्सपियर（人名）莎士比亚
बंगला（阳）孟加拉语
सत्रह（数）十七
विदेश（阳）外国，外地
लौटना（不及）返回
मग्न（形）沉醉于……的
में---रहना（不及）沉醉于
श्रीवृद्धि（阴）提高，发展
की---करना（及）提高，发展
शांतिनिकेतन（阳）和平村，寂园
नामक（形）被称为……的

3

सन् （阳）公元纪年
विद्यालय （阳）学校，学院
स्थापित （形）建立起来的
को---करना （及）建立
जाति-पांति （阴）种姓
विशेष （形）特别的
भेदभाव （阳）差别，歧视
खुली जगह （阴）空地
विश्वप्रेम （阳）人类之爱，博爱
भावना （阴）情感，精神
बार （阴）次，次数
भरना （及）灌输
गीतांजलि （阴）吉檀迦利（献歌）
संग्रह （阳）集子
प्रकाशित （形）发表了的，出版了的
---होना （不及）出版
नोबेल पुरस्कार （阳）诺贝尔奖
जर्मनी （阳）德国
चेकोस्लोवाकिया （阳）捷克斯洛伐克
हर कहीं （副）处处，到处
प्रतिभा （阴）天才，才能

अभूतपूर्व （形）空前的，非凡的
पात्र （阳）人物，角色
अभिनय （阳）扮演
का---करना （及）扮演
गीत （阳）歌曲
शैली （阴）风格，方式
अधेड़ （形）中年的
झुकाव （阳）倾向，趋向
की ओर---होना （不及）倾向，趋向
चित्रकला （阴）绘画，美术
शीघ्र （副）马上，很快地
विलक्षण （形）特别的，不平凡的
दिखलाना （及）显示，表现
पारखी （阳）技师，行家
केवल （副）只，仅仅
सराहना （及）赞扬
देशभक्त （阳）爱国者
निहत्था （形）手无寸铁，空手的
गोली （阴）子弹
पर---चलाना （及）向……开枪
सर （阳）爵士
उपाधि （阴）称号，头衔
लौटा देना （及）归还，退还
राष्ट्र-गान （阳）国歌
रचना （阴）著作

(ख)

क्षमा (阴) 原谅，宽恕
को---करना (及) 原谅，宽恕
स्वागत (阳) 欢迎
का---करना (及) 欢迎
शीआन (地名) 西安
पहुँचना (不及) 到达

स्टेशन (阳) 车站
देर (阴) 迟延，耽误
सीधे (副) 直接地
के आसपास (后) 在……附近
मिलना (不及) 见面，相见

टिप्पणियां

1. वहां दिन-रात साहित्य, कला और धर्म की चर्चा होती थी।
   那里经常日夜谈论文学、艺术和宗教。

句中的 होना 是不及物动词，其用法较广，主要用法有以下几种：

（1）表示有，是，存在

मेज़ पर एक किताब है।
桌上有一本书。

मैं एक विद्यार्थी हूँ।
我是一个学生。

सुरेश और राम छात्रावास में हैं।
苏雷希和拉姆在宿舍里。

（2）表示发生，出现，进行

धर्म की चर्चा होती थी।

（过去）经常谈论宗教。

काम हो रहा है।

工作正在进行。

हर जगह उनका अभूतपूर्व स्वागत हुआ।

每到一处，他都受到了热烈的欢迎。

उस क्लास में पंद्रह विद्यार्थी हो गये।

那个班已经有了 15 名学生。

（3）होना 与 करना 的区别

होना 与一些名词、形容词和数词搭配可以构成动词，这类动词均为不及物动词，这样的句子只是叙述某件事情的发生，请参看（2）的例句。

करना 与一些名词和形容词搭配构成动词，这类动词均为及物动词。如：

ग्यारह वर्ष की उमर में उन्होंने शेक्सपियर के एक नाटक का बंगला में अनुवाद किया।

他十一岁时，就把莎士比亚的一个剧本译成了孟加拉语。

थोड़ी देर आराम कीजिये।

请休息一会儿。

2. उन्होंने अमेरिका, फ़्रांस, चेकोस्लोवाकिया, चीन, जापान आदि अनेक देशों की यात्रा की।

他访问了美国、法国、捷克斯洛伐克、中国和日本等几个国家。

चकोस्लोवाकिया，捷克斯洛伐克，1993 年 1 月 1 日起成为捷克和斯洛伐克两个独立国家。

第一课　पहला पाठ

3. भारत का राष्ट्र-गान उन्हीं की रचना है।
　　印度的国歌就是他创作的。

　　उन्हीं 是由 उन + ही 变成的。语气词 ही 在印地语中使用较广泛，可以用于各种不同的词类和短语的后面，强调其前面的那个词或短语。例如：

　　मैं ही आज घर जाऊँगा।　　我今天回家去。
　　मैं आज ही घर जाऊँगा।　　今天我回家去。
　　मैं आज घर ही जाऊँगा।　　我今天回家去。
　　मैं आज घर जाऊँगा ही।　　我今天回家去。

　　语气词 ही 加在一些代词和副词之后，其形式有所变化。例如：

　　（1）代词

　　यह ＋ ही ＝ यही　　　　वह ＋ ही ＝ वही
　　इस ＋ ही ＝ इसी　　　　उस ＋ ही ＝ उसी
　　इन ＋ ही ＝ इन्हीं　　　उन ＋ ही ＝ उन्हीं
　　हम ＋ ही ＝ हमीं　　　　तुम ＋ ही ＝ तुम्हीं
　　मुझ ＋ ही ＝ मुझी　　　　तुझ ＋ ही ＝ तुझी

　　（2）副词

　　अब ＋ ही ＝ अभी　　　　कब ＋ ही ＝ कभी
　　कहां ＋ ही ＝ कहीं　　　यहां ＋ ही ＝ यहीं
　　जहां ＋ ही ＝ जहीं　　　वहां ＋ ही ＝ वहीं
　　तब ＋ ही ＝ तभी

4. आप का स्वागत

　　此句为省略句，全句应为 मैं आप का स्वागत करता हूँ। 省略句在口语中较为常见。

 व्याकरण

1. 一般过去时

一般过去时表示过去某个时间内发生的动作或状态。

सब छात्राएं आयीं।

女生们都来了。

मैंने प्रसाद जी को एक पत्र लिखा।

我给普拉萨德先生写了一封信。

2. 一般过去时的构成形式

（1）一般过去时的构成形式为：

① 动词根以元音结尾的，阳性单数直接加 या；阳性复数加 ये；阴性单数加 यी；阴性复数加 यीं。

② 动词根以辅音结尾的，阳性单数直接在辅音后加 आ 的符号；阳性复数加 ए 的符号；阴性单数加 ई 的符号；阴性复数加 ईं 的符号。

以 आना 和 लिखना 为例，列表如下：

单 数		复 数	
阳 性	阴 性	阳 性	阴 性
आया	आयी	आये	आयीं
लिखा	लिखी	लिखे	लिखीं

（2）不及物动词的过去时，在句中要与主语的性、数一致。

例如：

वे लोग बाज़ार गये।

他们都到市场上去了。

छात्राएँ कक्षा में कब गयीं?

女生什么时候去教室了?

मैं अभी आया।

我刚回来。

（3）及物动词的性、数要与宾语一致。如果宾语加 को，动词则按阳性单数变化。及物动词的过去时，要求主语加 ने。名词后加 ने，其变化与名词带后的形式相同。例如：

कल उस लड़के ने एक कलम ख़रीदी।

昨天那个男孩买了一支钢笔。

माता जी ने एक पत्र भेजा।

妈妈寄出了一封信。

क्या आपने साइकिल को ठीक किया?

您把自行车修理好了吗?

लड़कियों ने यह कहानी अभी तक नहीं पढ़ी।

女生们至今还没有读过这篇小说。

अध्यापकों ने हमारी बड़ी मदद की।

老师给了我们很大的帮助。

（4）代词 मैं, तू, तुम, आप, हम 后加 ने，其形式不变，但是有些代词加 ने 后，其形式要变化，请看下表：

单 数	复 数
यह---इसने	ये---इन्होंने
वह---उसने	वे---उन्होंने
कौन---किसने	कौन---किन्होंने
कोई---किसीने	कोई---किन्हींने

（5）动词过去式的变化，一般都是有规律的，但是也有少数动词是不规律的，这些动词是 करना, जाना, देना, पीना, लेना, होना。

现将这些不规则动词的变化，列表如下：

动词	单 数		复 数	
	阳 性	阴 性	阳 性	阴 性
करना	किया	की	किये	कीं
जाना	गया	गयी	गये	गयीं
देना	दिया	दी	दिये	दीं
पीना	पिया	पी	पिये	पीं
लेना	लिया	ली	लिये	लीं
होना	हुआ	हुई	हुए	हुईं

3. 后置词 पर 的用法

后置词 पर 用法较广，常见的有以下几种：

（1）在……上

उस की किताब मेज़ पर है।

他的书在桌子上。

सुरेश, कुर्सी पर क्या है?

苏雷希，椅子上是什么东西？

（2）在……里面

चाची जी, रवि घर पर हैं?

大婶，拉维在家吗？

（3）表示确定的时间

मैं ठीक समय पर आ गया।

我准时来了。

हर घंटे पर दवा खाओ।

每小时吃一次药。

（4）表示地点的靠近

मेरा घर सड़क पर है।

我家靠近马路。

वह खिड़की पर बैठ गया।

他挨着窗口坐了下来。

（5）用于不定式后面，有 के बाद 的意思

वहां से लौटने पर उन्होंने साहित्य का कार्य शुरू किया।

从那里回来后，他就开始了文学创作事业。

अभ्यास

1. 读音练习：

इ --- विश्व   कवि   विचारक   कविता   विदेश   विद्यालय   विश्वप्रेम
प्रतिभा   विशेष   चित्रकला   विलक्षण   दिखलाना   निहत्था
उपाधि   संस्कृति   शेक्सपियर   प्रकाशित   गीतांजलि

उ --- ठाकुर   आयु   उमर   उपन्यास   खुली   झुकाव   उपाधि

र --- रवीन्द्रनाथ   विचारक   धर्म   चर्चा   वर्ष   उमर   सत्रह   श्रीवृद्धि

विश्वप्रेम संग्रह प्रकाशित पुरस्कार जर्मनी प्रतिभा पात्र
चित्रकला पारखी सर रचना वातावरण

2. 用动词的过去时填空：

（1）इस बार मुझे पुरस्कार_____। (मिलना)

（2）उन्होंने एक अच्छी कविता_____। (लिखना)

（3）हमने बहुत मेहनत_____। (करना)

（4）वे लोग शहर_____। (जाना)

（5）क्या तुमने काफ़ी खाना_____। (खाना)

（6）उसकी पढ़ाई पहले से अच्छी_____। (होना)

（7）मैंने बीस रुपये में कमीज़_____। (ख़रीदना)

（8）राम ने हमें एक पाठ_____। (पढ़ाना)

3. 将下列词组译成印地语：

（1）伟大的诗人和思想家　　　（6）获得诺贝尔奖

（2）谈论文学和艺术　　　　　（7）表扬好学生

（3）翻译小说　　　　　　　　（8）原谅别人

（4）发展印地语　　　　　　　（9）欢迎朋友

（5）没有种姓差别　　　　　　（10）还书

4. 改错：

（1）उसने अपनी टार्च मुझे दिया।

（2）विद्यार्थियों ने कसरत कीं।

（3）मज़दूर कई अच्छी किताबें छापीं।

（4）छात्र और छात्रा पुस्तकालय में गया।

（5）आज दोपहर को उस लोगों ने फुटबाल खेले।

（6）मामी दर्शनशास्त्र पढ़ी।

5. 将下列句子变为否定句和疑问句：

（1）मैंने सबेरे का अख़बार अभी देखा।

（2）मोहन（莫汉）ने उसका पत्र पढ़ा।

（3）माता जी ने बच्चों को कुछ रुपये दिये।

（4）अध्यापक ली ने एक भारतीय दोस्त को दस रंगीन तस्वीरें भेजीं।

6. 翻译下面的句子：

（1）उस छात्र ने परीक्षा（考试）के लिये बहुत मेहनत की।

（2）मैंने कपड़े धोये।

（3）वह आदमी अच्छा हो गया।

（4）कल छोटी बहन ने प्रेमचन्द का उपन्यास “गोदान” पढ़ा।

（5）उन्होंने मुझे क्षमा की?

（6）गोपाल（戈巴尔），तुम कब घर आये?

（7）रमेश जी, आप कितने बजे घर गये?

（8）मीरा（米拉）जी आज सुबह बाज़ार से मिठाई लायीं।

7. 将下列句子的时态变为过去时：

（1）विद्यार्थी क्लासरूम में लिख रहे हैं।

（2）ये लड़के दोड़ते हैं।

（3）मोहन चाय पी रहा है।

（4）रवि नहा रहा है।

（5）मामा जी और मामी जी यहां खाना खाएंगे।

（6）शर्मा（夏尔玛）जी दुकान बन्द कर रहे हैं।

（7）शीला（希拉）उस आदमी से सवाल पूछना चाहती है।

（8）सीता कपड़े धोती है।

（9）ड्राइवर गाड़ी चलाएगा।

8. 翻译下面的句子：

（1）泰戈尔先生从小就开始写诗。

（2）张老师不仅教印地语，还教印度文学。

（3）1901 年他创建了国际大学。

（4）您都去过哪些国家？

（5）她多次在剧中扮演角色。

（6）人们对德巴斯（डबास）的印地语大加称赞。

（7）我学习的时候，希拉来了。

（8）您是什么时候从印度来的？

（9）我们是昨天乘火车来到北京的。

（10）请把《戈丹》还给我，我想看。

（11）我们刚才在未名湖（बेनाम）附近的山上读印地语。

9. 填空：

आज＿＿डाकघर गया और मैंने एक भारतीय दोस्त＿＿पत्र भेजा। समुद्री डाक से पत्र भेजना चाहता था। लेकिन डाक बाबू＿＿मुझे बताया कि हवाई डाक＿＿पत्र जल्दी पहुंच सकेगा। फिर＿＿हवाई डाक＿＿पत्र भेजा। लिफ़ाफ़े＿＿ठीक से नाम-पता लिखा। हवाई पत्र＿＿लेटर-बकस＿＿नहीं छोड़ा। इस＿＿सीधे डाक बाबू＿＿दिया।

10. 回答问题：

(1) रवीन्द्रनाथ ठाकुर कौन थे?

(2) बचपन में रवीन्द्रनाथ ठाकुर के घर का वातावरण कैसा था और वहाँ किन-किन विषयों पर चर्चा होती थी?

(3) पहली बार वे कब विदेश गये?

(4) उन्होंने क्या-क्या लिखा?

(5) शांतिनिकेतन में विद्यालय कब स्थापित हुआ?

(6) विद्यालय में कक्षाएँ कहाँ लगती थीं?

(7) उन्हें किस रचना पर और कब नोबेल पुरस्कार मिला?

(8) अधेड़ उमर में उनका झुकाव किस ओर हो गया?

(9) किसने निहत्थे भारतीयों पर गोली चलायी?

(10) रवीन्द्रनाथ ठाकुर ने क्या चीज़ और किसे लौटा दी?

11. 分析下列句子：

(1) बचपन में उनके घर का वातावरण बहुत अच्छा था।

(2) सन् 1901 में उन्होंने शांतिनिकेतन नामक एक विद्यालय स्थापित किया।

(3) वे अपने नाटकों के कुछ पात्रों का अभिनय करते थे।

(4) जब अंग्रेज़ों ने निहत्थे भारतीयों पर गोली चलायी, तो उन्होंने अपनी सर की उपाधि अंग्रेजों को लौटा दी।

(5) भारत का राष्ट्र-गान उन्हीं की रचना है।

12. 书法练习，抄写课文 "उनकी प्रतिमा अभूतपूर्व थी।" — "भारत का राष्ट्र-गान उन्हीं की रचना है।"

13. 背诵全篇课文。

14. 阅读练习：

मैं अपने घर वापस गया

आज मुझे बड़ी बहन की चिट्ठी मिली। उन्होंने लिखा कि माँ बहुत बीमार है। मैंने पत्र पढ़ा और सोचा कि माँ को देखने के लिये घर जाऊँगा। मैंने अपने नौकर आनंद को टिकट ख़रीदने के लिये स्टेशन भेजा तथा स्वयं सामान बांधा। दो घंटे के बाद आनंद टिकट ले आया। मैं बस से स्टेशन पहुंचा। मैंने एक कुली को बुलाया। कुली मेरे पास आया और उसने मुझसे पूछा, "आप किस गाड़ी से जाएँगे? " मैंने कहा कि मैं अपर इन्डिया से जाऊँगा। कुली ने सामान उठाया। मैंने उससे पूछा, "तुम कितने पैसे लोगे? " कुली ने कहा, "बाबू जी, अपनी मर्ज़ी से दीजिये। मैं ज़्यादा नहीं माँगूँगा।" प्लेटफ़ार्म पर बहुत भीड़ थी। लोग गाड़ी का इन्तज़ार कर रहे थे। कई लोग अपने सामान पर बैठे और एक दूसरे से बातें कर रहे थे। कुछ लोग खाना खा रहे थे। कुछ लोग टहल रहे थे।

प्लेटफार्म पर कई दुकानें थीं। एक ओर व्हीलर की किताबों की दुकान थी। दूसरी ओर एक छोटा-सा रेस्टरां था। अचानक मैंने अपने दोस्त राजेन्द्र को देखा। मैं उनके पास गया और उन्हें धीरे से बुलाया। वे मुझे देखकर बहुत खुश हुए। उन्होंने पूछा, "जोशी साहब, आप कहाँ जा रहे हैं? " मैंने उन्हें बताया कि मैं वाराणसी जा रहा हूँ, क्योंकि मेरी मां की तबीयत ठीक नहीं है। यह सुनकर उन्हें दुख हुआ। मैंने उनसे पूछा, "आप कहाँ जा रहे हैं? " उन्होंने बताया कि वे कहीं नहीं जा रहे हैं, उनके एक मित्र बम्बई से आ रहे हैं, उन्हें लेने आये।

इतने में मेरी गाड़ी का सिगनल हुआ। लोगोंने अपना अपना सामान उठाया और गाड़ी की ओर भागे। मैंने राजेंद्र को बिदा किया। कुली ने मेरा सामान उठाया और खिड़की के पास एक सीट पर रखा। मैंने उसे पांच रुपये का नोट दिया। उसने मुझे धन्यवाद दिया और चला गया। मैं गाड़ी में बैठ गया। दूसरे दिन घर वापस

गया। मैंने देखा कि माँ अब ठीक हो गयी। मैं निश्चिन्त हुआ।

वापस（副）回来，返回
---जाना（不及）回去
---आना（不及）回来
कुली（阳）苦力
अपर इन्डिया 火车车次
सामान（阳）行李
माँगना（及）要，要求
बाबू（阳）老爷，先生
मर्ज़ी（阴）意愿
प्लेटफ़ार्म（阳）站台
व्हीलर（阳）推手推车的人
रेस्टरां（阳）饭店
अचानक（副）突然
खुश（形）高兴的
दुख（阳）痛苦
वाराणसी（地名）瓦腊纳西
तबीयत（阴）身体，健康
इतने में 正在这时
सिगनल（阳）信号
सीट（阴）座位
नोट（阳）钞票，纸币
निश्चिन्त（形）放心的，安心的
बिदा（阴）动身，离去
को---करना（及）告别
धीरे से 轻声地
चला जाना（不及）走开，离开

第二课　दूसरा पाठ

पाठ	राई का पहाड़
बातचीत	परिचय
व्याकरण	1. लगना 的用法
	2. 复合动词 जाना
	3. 连接词 कि

 पाठ

राई का पहाड़

एक बार की बात है, कोई ख़रगोश किसी जंगल में एक पेड़ के नीचे आराम से सो रहा था। अचानक पेड़ पर से एक सेब गिरा। सेब के गिरने से ज़ोर का धमाका हुआ और वह ख़रगोश फ़ौरन वहां से भागने लगा।

वह जल्दी-जल्दी भाग रहा था और बहुत ज़ोर से चिल्ला रहा था, "भागो, भागो, पृथ्वी फट रही है।"

रास्ते में उसे एक हिरण मिला। यह हिरण भी उसके साथ भागने लगा। इसके बाद उनको एक सूअर मिला। फिर एक नीलगाय मिली, एक गैण्डा मिला, एक

बाघ मिला, एक चीता मिला, एक भेड़िया मिला, एक गीदड़ मिला और एक हाथी मिला। वे सब ख़रगोश के पीछे-पीछे भागने लगे। थोड़ी देर में जानवरों की एक लंबी कतार बन गई।

अंत में उनको एक सिंह मिला। जब सिंह ने उनसे पूछा कि वे क्यों भाग रहे थे, तो उन्होंने कहा, "पृथ्वी फट रही है, पृथ्वी फट रही है।"

सिंह ने सोचा कि इसमें शक की बात है। उसने फिर जानवरों से पूछा, "तुम लोगों को कैसे मालूम है कि पृथ्वी फट रही है? "

एक कोने से आवाज़ आयी, "महाराज, हाथी को मालूम है।"

जब सिंह ने हाथी से पूछा, तो उसने गीदड़ का नाम लिया। गीदड़ ने बाघ का नाम लिया। बाघ ने गैण्डे का नाम लिया। गैण्डे ने नीलगाय का नाम लिया। नीलगाय ने सूअर का नाम लिया। और सूअर ने ख़रगोश का नाम लिया।

जब सिंह ने ख़रगोश से पूछा, तो ख़रगोश ने जवाब दिया, "देखिये, महाराज, मैं एक पेड़ के नीचे सो रहा था। अचानक पृथ्वी फटने का धमाका हुआ। मैं तुरन्त वहां से भागने लगा।"

सिंह ने कहा, "चलो, हम उस पेड़ के नीचे जाएंगे और देखेंगे असली बात क्या है।"

जब सभी जानवर उस पेड़ के नीचे पहुंचे, तो उन्होंने देखा, वहां ज़मीन पर केवल एक सेब है। सब जानवर अपनी मूर्खता पर शर्मिन्दा हुए। उन्होंने सिहं को धन्यवाद दिया और अपने-अपने घर लौट गये।

बातचीत

परिचय

चीनी : नमस्ते।

भारतीय : नमस्ते।

चीनी : आप कैसे हैं?

भारतीय : बस, ठीक हूँ। आप कैसी हैं?

चीनी : मैं भी ठीक हूँ।

भारतीय : आप का नाम क्या है?

चीनी : मेरा नाम चांग श्याओ फ़न है। अच्छा,आप चीन में कब आये?

भारतीय : पिछले महीने की छै तारीख़ को आया।

चीनी : आपने चीन में किन-किन स्थानों को देखा?

भारतीय : मैं केवल बेइजिंग, शांघाई, शीआन और हांचू गया।

चीनी : बेइजिंग में आपने क्या देखा?

भारतीय : मैंने बहुत सी जगहें देखीं, जैसे समर-पैलेस, पेहाई पार्क इत्यादि। आज मुझे आपके विश्वविद्यालय को देखने का अवसर मिला।

चीनी : आप हमारा विश्वविद्यालय खूब देखिये।

भारतीय : अवश्य।

शब्दावली

(क)

राई（阴）芥子

अचानक（副）突然

गिरना（不及）掉落

धमाका（阳）哗啦声

फ़ौरन（副）马上，立刻

भागना（不及）逃跑

चीखना（不及）尖叫

चिल्लाना（不及）叫喊

पृथ्वी（阴）地球

फटना（不及）破裂

हिरण（阳）鹿

सूअर（阳）猪

गैण्डा（阳）犀牛

शक（阳）怀疑

बाघ（阳）老虎

चीता（阳）豹

भेड़िया（阳）狼

गीदड़（阳）豺，豺狼

के पीछे（后）在……后面

थोड़ी देर（副）一会儿

第二课　दूसरा पाठ

जानवर（阳）动物
कतार（阴）队列
बन जाना（不及）成为，形成
अंत（阳）结尾
अंत में　最后，终于
सिंह（阳）狮子
सोचना（及）想，考虑
कैसे（副）怎么样，如何
मालूम（形）知道的
को---होना（不及）知道

कोना（阳）角落
महाराज（阳）大王
नाम（阳）名字
का---लेना（及）提到
तुरंत（副）马上，立刻
असली（形）真实的
मूर्खता（阴）愚蠢，无知
शर्मिन्दा（不变形）害羞的，
　　　　　　　　　惭愧的

（ख）

परिचय（阳）介绍
पिछला（形）从前的，过去的
तारीख़（阴）日期

हांचू（地名）杭州
अवसर（阳）机会
अवश्य（副）一定，当然

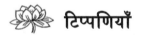 टिप्पणियाँ

1. राई का पहाड़（बनाना）

　　这是一句成语，在这里的意思是"小题大做"。

2. रास्ते में उसे एक हिरण।

　　它在路上碰到了一只鹿。

　　को...मिलना 意思为"遇到……，碰到……"。例如：

　　अभी मुझे विश्वविद्यालय की दुकान में राधा मिली।

刚才我在学校的商店里遇到了拉塔。

राम को सड़क पर एक रुपया मिला।

拉姆在马路上捡到了一个卢比。

3. यह हिरण भी उसके साथ भागने लगा।

这只鹿也跟着它跑了起来。

此句中的 भी 为语气词。语气词 भी 主要表示类同关系，相当于汉语“也”“亦”等意思。用于某一成分后面，表示该成分同另一相同的成分相比，有类同关系。如：

मैं भी आज घर जाऊँगा।　　我也回家去。

मैं आज भी घर जाऊंगा।　　我今天也回家去。

मैं आज घर भी जाऊंगा।　　我还要回家去。

4. आप कैसी है?

您好吗？

कैसी 是疑问词，其性、数随主语变，意思是“怎么样，如何”。例如：

बताओ, रवि कैसा है?

告诉我，拉维怎么样？

व्याकरण

1. लगना 的用法

将动词不定式的 ना 变成 ने 与 लगना 连用，表示动作的开始。例如：

वह ख़रगोश फ़ौरन वहाँ से भागने लगा।

那只兔子立刻从那里开始逃窜。

यह हिरण भी उसके साथ भागने लगा।

这只鹿也跟着它跑了起来。

2. 复合动词 जाना

印地语中有些动词可以与主要动词的动词根复合使用，这类动词（除助动词外）称为复合动词。复合动词 जाना 是使用最广泛的几个复合动词之一。主要用于下列两种形式：

（1）几乎可以与所有的不及物动词连用，表示主要动词的动作的完成。例如：

राम आ गया।

拉姆来了。

वे अपने अपने घर लौट गये।

他们都回家去了。

अध्यापक कुर्सी पर बैठ गया।

老师坐在了椅子上。

（2）与少数几个及物动词连用，除表示完成的意义外，还有"迅速"等意思。例如：

मैं यह उपन्यास एक दिन में पढ़ गयी।

我一天就把这本小说读完了。

वह खाना खा गया।

他吃完饭了。

3. 连接词 कि

कि 是连接词，可以引导主语从句、宾语从句、表语从句、同位语从句和状语从句等。例如：

（1）引导主语从句

यह ठीक है कि आप हिन्दी का मेहनत से अध्ययन करते हैं।

你努力学习印地语，这是对的。

यह सच है कि रमेश चीन में आ गया।

罗梅希来中国了，这是真的。

（2）引导宾语从句

सिंह ने उनसे पूछा कि वे क्यों भाग रहे थे।

狮子问它们为什么要逃跑。

मैं चाहता हूं कि इस हफ़्ते में घर वापस जाऊं।

我希望这周能回家去。

（3）引导表语从句

अर्थ यह है कि तुम अच्छी तरह जनता की सेवा करो।

意思是你要好好地为人民服务。

（4）引导同位语

मेरा विचार है कि दोपहर को हम शहर जाएं।

我的想法是下午咱们进城去。

मुझे मालूम नहीं कि वह कब सो गयी।

我不知道她什么时候睡着了。

（5）引导状语从句

कल मैं बाहर जा रहा था कि रवि आ गये।

昨天我正要出门，拉维来了。

第二课　दूसरा पाठ

 अभ्यास

1. 语音练习：

कतार　कैसे　कोना　चिल्लाना　चीता　तारीख़　तुरन्त
पिछला　फटना　फ़ौरन　गिरना　गीदड़　गैण्डा　जानवर
भागना　भेड़िया　बाघ

词组

किसी जंगल में,　एक पेड़ के नीचे,　पेड़ पर से,　बहुत ज़ोर से,　रास्ते में,
उसके साथ,　ख़रगोश के पीछे पीछे,　थोड़ी देर में,　अंत में,　ज़मीन पर,
अपनी मूर्खता पर

2. 改错：

(1) उस छात्रा ने बनारस गया।

(2) मैं एक नई किताब खरीदी।

(3) सत्रह वर्ष की आयु में ठाकुर जी विदेश गयी।

(4) क्या आप वे काम किये?

(5) उन्होंने अपने नाटक में कुछ पात्रों का अभिनय किये।

(6) हर जगह उनका अभूतपूर्व स्वागत हुए।

(7) अभी मैंने अध्यापिका ली को देखी।

(8) अंग्रेज़ी भारतीय लोग पर गोलियां चलायी।

(9) मजदूर ने तीन नयी इमारत बनायीं।

3. 造句：

(1) अचानक　　　　(2) चिल्लाना

（3）मिलना

（4）लम्बी कतार बन जाना

（5）मालूम होना

（6）नाम लेना

（7）हँसना

（8）धन्यवाद देना

4. 用 को, ने, पर, में, से 填空：

（1）गोपाल______शीला______रेलवे स्टेशन का रास्ता बताया।

（2）मैं_____कल रात_____आपकी बहन_____बस_____देखा।

（3）तुम_____मेरे बच्चों_____क्यों मारा（打）？

（4）उस_____अपने पिता जी_____पूछा कि आप कब आएँगे?

（5）राम के भाई_____सोचा कि आज शाम_____फ़िल्म देखेंगे।

5. 将下列句子改为过去时：

（1）मैं अपने दोस्त को स्टेशन भेजूंगी।

（2）वह क्लास में एक सुंदर वाक्य बताएगा।

（3）माता जी अच्छा भोजन बनाएंगी।

（4）आनंद एक नयी साइकिल खरीदेगा।

（5）हम बास्केटबाल खेलेंगे।

6. 分析下列句子：

（1）कोई ख़रगोश किसी जंगल में एक पेड़ के नीचे आराम से सो रहा था।

（2）इसके बाद उनको एक सूअर मिला।

（3）जब सिंह ने उनसे पूछा कि वे क्यों भाग रहे थे, तो उन्होंने कहा, “पृथ्वी फट रही है।”

（4）सिंह ने कहा, “चलो, हम उस पेड़ के नीचे जाएंगे और देखेंगे असली बात क्या है।”

（5）तुम लोगों को कैसे मालूम है कि पृथ्वी फट रही है?

（6）सब जानवर अपनी मूर्खता पर शर्मिन्दा हुए।

7. 翻译下面的句子：

（1）माता ने अपने बेटे को अन्दर बुलाया।

（2）अध्यापक ने उसे दफ़्तर भेजा।

（3）आपने क्लासरूम में किस-किस को देखा?

（4）मेरे कपड़े किसने धोये?

（5）मैंने बाज़ार से एक नया कोट खरीदा।

8. 翻译下面的句子：

（1）我刚来到梨树下，突然从树上掉下好几个大梨。

（2）当学生看到诗人泰戈尔时，就立即来到他身边。

（3）他在大声喊什么？谁打了他？

（4）在那里，我们遇见了很多动物。

（5）不一会儿，她就做完了今天的作业。

（6）我不知道该怎么回答他的问题。

（7）当大家提到拉姆的名字时，都嘲笑他的愚蠢。

9. 回答问题：

（1）जब ख़रगोश एक पेड़ के नीचे सो रहा था, तो उसने क्या सुना?

（2）रास्ते में ख़रगोश को कौन-कौन मिले?

（3）अंत में कौन मिला?

（4）क्या पृथ्वी सचमुच（的确）फट रही थी? इसके बारे में जानवरों ने क्या जवाब दिये?

（5）जब सभी जानवर उस पेड़ के नीचे पहुँचे, तो उन्होंने क्या देखा?

10. 背诵全篇课文。

11. 阅读练习：

दिन, सप्ताह, पक्ष, मास, वर्ष (क)

एक दिन और एक रात में, अर्थात् चौबीस घंटों में, एक दिन-रात अर्थात अहोरात्र पूरा होता है। एक अहोरात्र को प्रचलित भाषा में एक दिन भी कहते हैं। अब यह बात स्मरण रखनी चाहिये कि सात अहोरात्र का एक सप्ताह होता है। एक सप्ताह के दिनों के नाम इस प्रकार हैं:

(1) रविवार   (5) गुरुवार

(2) सोमवार   (6) शुक्रवार

(3) मंगलवार   (7) शनिवार

(4) बुधवार

पन्द्रह अहोरात्र का एक पक्ष होता है। दो पक्षों अर्थात् प्रायः तीस दिन का एक मास होता है। पहले पक्ष की रातें अपने पूर्व भाग में अँधेरी होती हैं, इसलिये इसे कृष्ण पक्ष कहते हैं। दूसरे पक्ष की रात्रियों में चन्द्रमा निकल आता है, अतः इसे शुक्ल पक्ष कहते हैं।

एक अहोरात्र को भारत में तिथि भी कहते हैं। प्रत्येक पक्ष में 15 तिथियां होती हैं। उन तिथियों के नाम ये हैं:

(1) प्रतिपदा (一日)   (6) षष्ठी (六日)

(2) द्वितीय (二日)   (7) सप्तमी (七日)

(3) तृतीया (三日)   (8) अष्टमी (八日)

(4) चतुर्थी (四日)   (9) नवमी (九日)

(5) पंचमी (五日)   (10) दशमी (十日)

（11）एकादशी（十一日）
（12）द्वादशी（十二日）
（13）त्रयोदशी（十三日）
（14）चतुर्दशी（十四日）
（15）अमावस्या（十五日）

सप्ताह（阳）星期
पक्ष（阴）印历月份的半个月
मास（阳）月
अर्थात्（副）即，就是
अहोरात्र（阳）一天一夜
पूरा（形）整个的，完全的
प्रचलित（形）流行的，通行的
स्मरण（阳）记住
---रखना（及）记住
रविवार（阳）星期天
सोमवार（阳）星期一
मंगलवार（阳）星期二
बुधवार（阳）星期三
गुरुवार（阳）星期四
शुक्रवार（阳）星期五
शनिवार（阳）星期六
प्रायः（副）大概
पूर्व（形）前面的
अँधेरा（形）黑暗的
कृष्ण पक्ष（阳）黑半月
चन्द्रमा（阳）月亮
अतः（副）所以，因此
शुक्ल पक्ष（阳）白半月
तिथि（阴）日期
अमावस्या（阴）朔日

第三课　तीसरा पाठ

पाठ	कबूतर की कहानी
बातचीत	किताबों की दुकान पर
व्याकरण	1. 虚拟语气
	2. चाहिये 的用法
	3. 复合动词 देना

 पाठ

कबूतर की कहानी

एक दिन आकाश में बहुत से कबूतर उड़ रहे थे। इन कबूतरों में उनका राजा भी था।

कबूतर दाना खोजने के लिए उड़ रहे थे। उन्होंने देखा कि एक झोंपड़ी के नज़दीक ज़मीन पर बहुत चावल बिखरे हुए थे।

भूखे कबूतरों ने राजा से कहा, "राजा जी, देखिये, वहां कितने सफ़ेद-सफ़ेद चावल पड़े हुए हैं। अगर आप कहें तो हम खाने के लिए उतरें।"

राजा ने जवाब दिया, "देखो, ये चावल उस झोंपड़ी के नज़दीक की ज़मीन

पर पड़े हैं, इसलिए शक की बात है। हो सकता है कि इसमें कुछ ख़तरा हो। हमें ये चावल नहीं खाने चाहिए।"

कबूतरोंने ज़िद की, "हमें बहुत भूख लगी है। आप हम को खाने की आज्ञा दें।"

राजा ने कहा, "अच्छा, हम चलें और चावल खाएं।"

सब कबूतर नीचे उतरे और चुगने लगे।

लेकिन थोड़ी देर में सब कबूतर शिकारी के जाल में फंस गये। अब सब कबूतर बहुत पछताए और सोचने लगे कि क्या करें।

राजा को एक युक्ति सूझी, उसने कहा, "आओ, हम एक साथ ज़ोर लगाएं और एक ओर उड़ चलें।"

सब ने एक साथ ज़ोर लगाया। हालांकि यह जाल बहुत भारी था, फिर भी वे एक साथ उड़ने लगे। थोड़ी देर में सब बहुत दूर निकल गये।

वहां कबूतरों के मित्र चूहे और गिलहरियां रहते थे। कबूतरों के राजा ने उनसे कहा, "हम बुरी तरह फंस गये। आप लोग हमारा जाल काट दें।"

चूहों और गिलहरियों ने तुरन्त अपने तेज़ दांतों से जाल को काट दिया।

सब कबूतर मुक्त हो गये। उन्होंने बहुत खुशी के साथ चूहों व गिलहरियों से कहा, "आप लोगोंने हमारी जान बचायी। हम आप को बहुत-बहुत धन्यवाद देते हैं।"

चूहों और गिलहरियोंने खुशी से कहा, "धन्यवाद देने की कोई बात नहीं है। यह तो हमारा कर्तव्य है।"

कबूतर उड़ गये। चूहे और गिलहरियां अपने बिल में घुस गये।

 बातचीत

किताबों की दुकान पर

छात्र : क्या आपके यहाँ हिन्दी बातचीत की किताब है? ज़रा दिखाइये।

दुकानदार: जी हाँ। यह देखिये। यह किताब बहुत प्रसिद्ध है। आजकल इसकी काफ़ी

माँग है।

छात्र : अच्छा, मैं ज़रा देखूं। यह सचमुच अच्छी है?

दुकानदारः अरे भई, मैं सच बोलती हूँ। यह हिंदी विद्यार्थियों के लिये बहुत लाभदायक है। इसको लें, अच्छी तरह याद करें और हिन्दी में खूब बातचीत करें।

छात्र : अच्छा। तो तीन प्रतियाँ दे दें। आपके पास और कोई अच्छी पुस्तक है?

दुकानदारः अवश्य। यह श्रेष्ठ कहानियों का संग्रह है।

छात्र : अच्छा, मुझे यह संग्रह खूब पसंद है। मैं यह भी लूंगा।

दुकानदारः लीजिये।

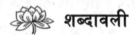

शब्दावली

(क)

कबूतर（阳）鸽子

राजा（阳）国王，皇帝

दाना（阳）颗粒

खोजना（及）寻找

झोंपड़ी（阴）茅屋

के नज़दीक（后）在……附近

चावल（阳）大米

बिखरना（不及）散开

अगर（连）假使，如果

पड़ना（不及）落下，摆放

भूखा（形）饥饿的

उतरना（不及）下降

चाहिये（副）应该

ख़तरा（阳）危险

ज़िद（阴）坚定，顽强

की---करना（及）固执，坚持

भूख（阴）饥饿

आज्ञा（阴）命令

को---देना（及）下命令

चुगना（及）啄食

शिकारी（阳）猎人

जाल（阳）网

फँसना（不及）陷入，落入

पछताना（不及）后悔

युक्ति（阴）方法，计策

सूझना（不及）想

第三课　तीसरा पाठ

उड़ चलना（不及）飞走　　तेज़（形）锐利的
ज़ोर（阳）努力　　दाँत（阳）牙齿
---लगाना（及）竭尽全力　　मुक्त（形）自由的，解放的
हालाँकि（连）虽然　　जान（阴）生命
भारी（形）重的　　बचाना（及）解救，拯救
चूहा（阳）老鼠　　कर्तव्य（阳）责任，义务
पास में（副）附近　　घुसना（不及）进入，闯入
बुरी तरह（副）狼狈地　　बिल（阳）穴，洞
काटना（及）咬，切

(ख)

मांग（阴）要求，需求　　प्रति（阴）册，份
सचमुच（副）确实，真正　　लाभदायक（形）有好处的
प्रसिद्ध（形）著名的，有名的　　दिखाना（及）表现，显示

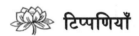 टिप्पणियाँ

1. उन्होंने देखा कि एक झोंपड़ी के नज़दीक ज़मीन पर बहुत चावल बिखरे हुए थे।
   它们发现一间茅屋附近的地上撒满了大米。
   बिखरे हुए 为过去分词，其变化与过去时相同，表示动作的状态。
这类句子还有：
   वहाँ कितने सफ़ेद-सफ़ेद चावल पड़े हुए हैं।
   那儿有多么白的大米啊！

33

2. हो सकता है कि इसमें कुछ खतरा हो।
   这样做也许有危险。

   हो सकता है कि 为动词短语，表示"也许，大概"，全句应为 यह हो सकता है कि...，यह 常省略，引导主语从句，从句中的动词一般为虚拟语气。例如：

   हो सकता है कि आज लाल जी यहाँ आयें।
   今天也许拉尔先生会来。

   हो सकता है कि रात को वर्षा हो।
   晚上大概有雨。

3. हमें बहुत भूख लगी।
   我们饿极了。

   को...लगना，意思为"感觉到，认为"。例如：

   मुझे यह पुस्तक अच्छी लगती है।
   我认为这是一本好书。

   क्या आप को थकान लगती है?
   您感觉累吗？

4. राजा को एक युक्ति सूझी।
   鸽子王想出了一个办法。

   सूझना 的用法比较特殊，要求主语加 को。例如：

   उस को एक विचार सूझा।
   他有了一个想法。

   तुम्हें क्या बात सूझ गई?
   你想起了什么事？

5. यह तो हमारा कर्तव्य है।

这是我们的责任。

此句中的 तो 是语气词，तो 所表示的意义较多，常见的有下列几种：

（1）在陈述句里，तो 用于实词或短语的后面，加强前面实词短语的语气，相当于汉语的“是、呀、嘛”等，例如：

वह तो अभी गया।

他呀，刚刚去了。

यह बात मुझे मालम तो है।

这件事，我是知道的。

मैं तुमसे तो बात नहीं कर रही हूँ।

我可不是在跟你说话。

（2）在祈使句里，表示强调，汉语中常用“吧，嘛”等表示，例如：

एक सेब तो खाओ।

吃一个苹果吧！

गीता, ज़रा अन्दर तो आओ।

吉达，进来一下吧。

बैठिये तो।

请坐嘛！

（3）在疑问句中，加强疑问句的语气，例如：

आज रविवार तो नहीं है?

今天不是星期天吧？

राम का मकान अच्छा तो है?

拉姆的房子还好吧？

（4）与否定词 नहीं 连用，表示"不是的，没有啊，否则"的意思，例如：

क्या आप भारतीय विद्यार्थी हैं?

您是印度学生吗？

नहीं तो।

不是啊。

जल्दी चलो, नहीं तो देर होगी।

快走吧，否则会迟到的。（नहीं तो 在这里是连接词）

 व्याकरण

1. 虚拟语气

虚拟语气是动词的一种形式，用来表示说话人所说的不是一个事实，而是说话人主观设想的动作或状态。印地语的虚拟语气共有四种，即：将来时虚拟语气、经常时虚拟语气、进行时虚拟语气和过去时虚拟语气。在这一课里，只介绍将来时虚拟语气。

2. 将来时虚拟语气

将来时虚拟语气表示一种愿望、建议、怀疑、猜测、可能或犹豫等，例如：

आप की यात्रा सफल हो।

祝您旅途顺利。（祝愿）

मैं चाहता हूँ कि तुम एक श्रेष्ठ अध्यापिका बनो।

我希望你成为一名优秀教师。（愿望）

आज दोपहर को हम गौड़ जी की मदद करें।

今天下午咱们帮帮高尔先生吧。(建议)

शायद आज पानी बरसे।

今天也许会下雨。(可能)

आप चाहें तो बताएँ।

如果您愿意,就告诉我们吧。(假设)

3. 将来时虚拟语气的构成形式

将来时虚拟语气的形式是由去掉动词将来时后的 गा, गे, गी 构成的,所以将来时虚拟语气只有人称和数的区别,没有性的区别。

以 लिखना 和 जाना 为例,列表如下:

动词 代词	लिखना	जाना
मैं	लिखूँ	जाऊँ
तू, यह, वह	लिखे	जाए
हम, आप, ये, वे	लिखें	जाएं
तुम	लिखो	जाओ

4. चाहिये 的用法

चाहिये 与不定式连用,主语要求加 को,动词一般有性、数的变化。例如:

आप को रोज़ घर का काम करना चाहिये।

您应该每天做家务。

मुझे आज कुछ लिफ़ाफ़े लेने चाहिये।

今天我应该买几个信封。

由 चाहिये 组成的简单句也可以变为主从复合句，但从句须用虚拟语气。例如：

आप को चाहिये कि रोज़ घर का काम करें।

您应该每天做家务。

मुझे चाहिये कि आज कुछ लिफ़ाफ़े लूँ।

今天我应该买几个信封。

चाहिये 除了与动词不定式连用外，也可以与名词连用，表示"需要……"，例如：

मुझे दो कमरे चाहिये।

我要两个房间。

उस छात्र को हिन्दी की कुछ किताबें चाहिये।

那个男生要几本印地语书。

5. 复合动词 देना

复合动词 देना 和主要动词词根连用，表示动作是为别人而做或表示向外的动作。主要用法有下面两种：

（1）与及物动词连用

आप लोग हमारा जाल काट दें।

你们把缠在我们身上的网咬断吧。

तुम यह पत्र भेज दो।

把这封信发出去吧。

मैंने उसे बता दिया कि मैं दोपहर को नहीं जाऊँगी।

我告诉过他，下午我不去。

पिता जी ने मेरे छोटे भाई को सौ रुपये दे दिये।

父亲给了我弟弟一百卢比。

第三课　तीसरा पाठ

（2）देना 一般与及物动词连用，有时也与不及物动词连用。和不及物动词连用时表示"开始，突然"等意义，如果动词是过去时，主语一般不加 ने。例如：

जब सीता ने मेरी बात सुनी, तो हँस दी।

悉达听了我的话，笑了。

वह बच्चा रो दिया।

那个男孩哭了。

वे लोग अध्यापक को देखने के लिये चल दिये।

他们动身去看望老师了。

 अभ्यास

1. 语音练习：

क --- कबूतर　नज़दीक　शक　शिकारी　युक्ति　हालांकि　काटना
　　　मुक्त　कर्तव्य

ख --- खोजना　भूखा　ख़तरा　भूख

ज --- राजा　खोजना　नज़दीक　ज़िद　ज़ोर　तेज़　जान

त --- कबूतर　उतरना　खतरा　पछताना　युक्ति　मित्र　तेज़
　　　दांत　मुक्त　कर्तव्य

2. 朗读下列词组：

कबूतर उड़ रहे थे,　दाना खोजने के लिए,　झोंपड़ी के नज़दीक,
शक की बात है,　हो सकता है कि,　इसमें कुछ खतरा हो,
भूख लगी,　खाने की आज्ञा दें,　चावलों को चुगने लगे,
एक युक्ति सूझी,　एक साथ ज़ोर लगाएं,　थोड़ी देर में,

अपने तेज़ दाँतों से,   खुशी के साथ,   बिल में घुस गए

3. 回答问题：
   （1）कबूतर क्या चीज़ खोजने के लिये उड़ रहे थे, और उन्होंने क्या देखा?
   （2）भूखे कबूतरों ने राजा से क्या कहा?
   （3）राजा ने क्या जवाब दिया?
   （4）जब सब कबूतर चावलों को चुगने के लिए नीचे उतरे, तो क्या हुआ?
   （5）कबूतर के राजा को क्या उपाय（办法）सूझा?
   （6）अंत में सब कबूतर कैसे मुक्त हो गये?
   （7）किसने कबूतरों की मदद की?
   （8）जब चूहों ओर गिलहरियोंने कबूतरों की बात सुनी, तो क्या कहा?

4. 造句：
   （1）के नज़दीक   （9）हो सकता है कि
   （2）चाहिये   （10）ज़िद करना
   （3）भूख लगना   （11）आज्ञा देना
   （4）थोड़ी देर में   （12）जाल में फँसना
   （5）सूझना   （13）ज़ोर लगाना
   （6）हालांकि...फिर भी   （14）पास में
   （7）बुरी तरह   （15）बचाना
   （8）धन्यवाद देना

5. 翻译下面的句子：
   （1）孩子们（बच्चो），祝你们幸福、快乐。
   （2）今天下午悉达可能来北京大学。

（3）咱们去长城饭店喝咖啡吧。

（4）我希望你成为一名好学生。

（5）你告诉拉维，今天下午不要进城去。

（6）现在我该去哪儿呢？

（7）请给我一杯茶。

（8）我把这椅子放在哪儿？

（9）饭后不要跑步。

（10）有问题，请提吧。

6. 翻译下面的句子：

（1）मैं चाहता हूँ कि हम किसी रेस्तरां में खाना खाएं।

（2）श्याम（夏姆）, आओ, हम बाहर चलें।

（3）चलो, कहीं कॉफी पिएं।

（4）उठो, थोड़ी देर घूम आएं।

（5）कृपा करके यह तो बताएं क्या हुआ？

（6）बड़े भाई को बुलाएं？

（7）मैं उसको कैसे लिखूं？

（8）आप मधु（莫图）से यह न पूछें कि वह कौन है।

（9）तुम लोगों को अच्छी तरह पढ़ना चाहिये।

（10）आप को वह बात कामरेड वांग को नहीं बतानी चाहिये।

7. 填空：

（1）नाटक अच्छी न_______（होना）,तो कौन_______（देखना）？

（2）आप चिन्ता（担心）न____（करना）, मैं ठीक कर____（देना）।

（3）तुम वहाँ जाना____（चाहना）,तो मेरे साथ____（चलना）।

（4）आप को टिकट（票）न＿＿＿（मिलना），तो कोई बात नहीं।

（5）मैं＿＿＿（देखना）कि मेरे पास यह किताब है या नहीं।

（6）आज वह शायद＿＿＿（आना），आप उस का इंतज़ार＿＿＿（करना）।

（7）वह इस समय झील के पास＿＿＿（होना），हम वहाँ＿＿＿（चलना）।

8. 改错：

（1）तेर को पिता जी ने तुरन्त बुलाया।

（2）तुम तुम्हारे घर अभी जाओ।

（3）यह भोजन दो आदमी के लिए हैं।

（4）यह उपन्यास मैं पढ़ी।

（5）माता ने उसे फल लाने के लिए भेजी।

（6）हम आपके घर कल आयेगा।

（7）उसने कहा कि आप मेरा सामान की तैयारी करो।

（8）आज वहाँ मैंने जाना चाहिये।

（9）यह बात सीता को पूछो।

（10）राम को मोहन को और सुरेश को कल आपने साथ-साथ देखे?

9. 按照例句，将下面的句子变为主从复合句：

例1：चाहना

　　मैं पढ़ना चाहता हूँ। → मैं चाहता हूँ कि（मैं）पढ़ूँ।

（1）मैं शांघाई जाना चाहता हूँ।

（2）आप हिन्दी पढ़ना चाहते हैं।

（3）हम लोग इस इमारत में नहीं रहना चाहते।

（4）मधु प्रकाश से मिलना चाहती है।

（5）मैं सिग्रेट नहीं पीना चाहता।

(6) बच्चे किशमिश और सेब खाना चाहते हैं।

(7) वे लोग इस दफ़तर में काम नहीं करना चाहते।

(8) मधु तुम से बात करना चाहती है।

(9) कबूतर का राजा ज़मीन के चावल नहीं चुगना चाहता था।

例 2：चाहिये

　　मुझे जाना चाहिये। → मुझे चाहिये कि मैं जाऊँ।

(1) उन्हें एक चिट्ठी भेजनी चाहिये।

(2) आप को सुबह दौड़ना चाहिये।

(3) मुझे बम्बई आना चाहिये।

(4) तुम्हें यह नया शब्दकोश खरीदना चाहिये।

(5) कामरेड वांग को अध्यापक की बातों पर ध्यान देना चाहिये।

例 3：हो सकता है कि

　　मधु बेइजिंग में आएगी → हो सकता है कि मधु बेइजिंग में आए।

(1) तुम बीमार हो जाओगे।

(2) आज भारतीय मित्र यहाँ आएंगे।

(3) वह देर से आएगा।

(4) वे लोग भोजनालय में नहीं जाएंगे।

(5) सहपाठी बैडमिंटन खेलेंगे।

10. 分析下列句子：

(1) इन कबूतरों में उनका राजा भी था।

(2) आप कहें तो हम खाने के लिये उतरें।

(3) हो सकता है कि इसमें कुछ ख़तरा हो।

（4）अच्छा, हम चलें और चावल खायें।

（5）चूहों और गिलहरियों ने तुरंत अपने तेज़ दांतों से जाल को काट दिया।

11. 背诵全篇课文。

12. 阅读练习：

दिन, सप्ताह, पक्ष, मास, वर्ष（ख）

शुक्ल पक्ष की तिथियों के भी ये ही नाम हैः केवल उसकी अन्तिम（पन्द्रहवीं）तिथि को पूर्णमासी कहते हैं। कृष्ण पक्ष की रात्रियां उत्तरोत्तर अंधेरी होती हैं। अन्त में अमावस्या की रात्रि को चन्द्रमा बिल्कुल दिखाई नहीं देता। इसके विपरीत शुक्ल पक्ष की रात में उत्तरोत्तर प्रकाश बढ़ जाता है और अन्त में पूर्णमासी की रात चांदनी से आलोकित रहती है।

बारह मास का एक वर्ष होता है। इन मासों के नाम इस प्रकार हैंः

（1）चैत्र（印一月）	（7）आश्विन（印七月）
（2）वैशाख（印二月）	（8）कार्त्तिक（印八月）
（3）ज्येष्ठ（印三月）	（9）मार्गशीर्ष（印九月）
（4）अषाढ़（印四月）	（10）पौष　（印十月）
（5）श्रावण（印五月）	（11）माघ（印十一月）
（6）माद्रपद（印六月）	（12）फाल्गुन（印十二月）

भारतीय कैलेंडर के हिसाब में नया वर्ष चैत्र से आरंभ होता है और फाल्गुन में समाप्त हो जाता है। इसे संवत् कहते हैं, जैसेः विक्रमी संवत 2075（公元 2018 年）तथा शक संवत 1940（公元 2018 年）।

अंग्रेज़ी सन् ईसवी कहलाता है। इसमें भी 12 मास होते हैं। उनके नाम इस प्रकार हैंः

（1）जनवरी（一月）	（2）फ़रवरी（二月）

(3)	मार्च	(三月)	(8)	अगस्त	(八月)
(4)	अप्रैल	(四月)	(9)	सितम्बर	(九月)
(5)	मई	(五月)	(10)	अक्टूबर	(十月)
(6)	जून	(六月)	(11)	नवम्बर	(十一月)
(7)	जुलाई	(七月)	(12)	दिसम्बर	(十二月)

इसके लिये यह याद रखें:

तीस दिन सितंबर के, अप्रैल जून नवम्बर के। फ़रवरी के अट्ठाइस जानो, बाकी सब के इकतीस मानो।

अन्तिम（形）最后的

पूर्णमासी（阴）望日

उत्तरोत्तर（副）逐渐，愈来愈

दिखाई（阴）显示

---देना（不及）出现，显示

के विपरीत（后）相反

प्रकाश（阳）光亮

बढ़ना（不及）增加，前进

कहलाना（及）称作

चांदनी（阴）月光

आलोकित（形）明亮的

समाप्त（形）结束的

संवत्（阳）年代，年

विक्रमी संवत्（阳）健日王纪元（比公元早57年）

शक संवत्（阳）沙迦纪元（比公元晚78年）

मानना（及）承认

第四课　चौथा पाठ

पाठ	नाव
बातचीत	बीमारी के बारे में
व्याकरण	1. 完成分词
	2. 将来时祈使语气
	3. वाला 的用法
	4. 条件连接词 अगर..., तो...

 पाठ

नाव

एक नदी थी। वह नदी गंगा और जमुना की तरह लंबी चौड़ी नहीं थी, फिर भी वह बहुत चौड़ी थी। उस पर कोई पुल नहीं था। आने जाने वाले लोग नाव में बैठकर नदी को पार करते थे। पार उतरकर लोग नाववाले को पंद्रह या बीस पैसे देते थे।

एक दिन कई मनुष्य नाव में बैठकर पार जा रहे थे। नाव में नीचे से एक छेद हो गया। छेद से नाव में पानी भरने लगा।

नाव में बैठने वाले लोग परेशान हो गए। वे सब डरकर चिल्लाने लगे।

चौथा पाठ

एक आदमी ने कहाः "यदि नाव में और पानी भर गया, तो हम डूब जाएंगे।"

नाववाला बोलाः "अगर आप लोग अपने हाथों से पानी उलीचकर बाहर फेंक दें, तो नाव बच सकती है।"

एक आदमी ने अकड़कर ज़ोर से कहाः "हम तुम्हें पैसे देते हैं। तुम खुद पानी निकालो।"

नाववाले ने हंसकर कहाः "मैं पानी निकालने लगूंगा, तो पतवार कौन संभालेगा? पानी बहुत है। मुझ अकेले से सारा पानी नहीं निकलेगा।"

इतने में नाव में और पानी भरने लगा। नाव डगमगाने लगी।

सब लोग घबरा गए। वे सब ज़ोर से चीखने और चिल्लाने लगे। लेकिन किसी ने अपने हाथ नहीं चलाए।

नाववाले ने मुस्कराकर कहाः "यदि अब जल्दी से सब लोग मिलकर पानी नहीं निकालेंगे, तो सब डूब जाएंगे।"

एक बूढ़े ने सब को सलाह दीः "भाइयो, अपने ठाट-बाट और घमंड को छोड़ दो। हम सब लोग अपने हाथ से पानी नाव से बाहर निकाल दें, नहीं तो सब लोग डूब मरेंगे।"

सब लोगोंने यह बात सुनकर नाव में से पानी निकालना शुरू कर दिया। थोड़ी ही देर में नाव का पानी समाप्त हो गया। सब लोग नदी के उस पार पहुंच गए।

मिल-जुलकर काम करने से मनुष्य असंभव कार्य को भी संभव कर देते हैं।

 बातचीत

बीमारी के बारे में

आनंद : आप स्वस्थ तो हैं?

विमला: कल काफ़ी ठंडक थी, मुझे सर्दी लग गई। और जुकाम है, सिर में दर्द है और खांसी भी आती है।

आनंद : क्या डाक्डर से मिलीं?

विमला: हाँ, डाक्टर से मिली। उन्होंने कहा कि बुख़ार है। फिर नर्स ने मुझे कुछ दवा दे दी।

आनंद : क्या उससे कुछ लाभ हुआ?

विमला: हाँ, काफ़ी लाभ हुआ।

आनंद : अब आप को अच्छी तरह आराम करना चाहिये। बहुत जल्दी स्वस्थ हो जाएंगी।

विमला: धन्यवाद।

आनंद : विमला जी, इस समय मैं जा रहा हूँ। कल फिर आऊँगा।

विमला: अच्छी बात है। आप को फुर्सत होगी, तो आइयेगा।

आनंद : नमस्ते।

शब्दावली

(क)

गंगा（阴）恒河

जमुना（阴）朱木纳河

की तरह（后）像……一样

चौड़ा（形）宽的

पुल（阳）桥

पार（阳）对岸

---करना（及）渡过

नाववाला（阳）船夫

पन्द्रह（数）十五

बीस（数）二十

पैसा（阳）钱，拜沙（印度钱币单位）

मनुष्य（阳）人，人类

छेद（阳）洞，小孔

परेशान（形）不安的，苦恼的

डरना（不及）害怕

डूब जाना（不及）沉入，沉没

उलीचना（及）戽水，舀水

अकड़ना（不及）傲慢

खुद（副）自己

निकालना（及）取出，拿出
पतवार（阴）舵
अकेला（形）单独的
डगमगाना（不及）摇摆不定
घबराना（不及）害怕，担忧
बूढ़ा（阳）老人，老头儿
सलाह（阴）劝告，建议
को---देना（及）劝告，建议
ठाट-बाट（阳）华贵，摆架子
घमंड（阳）骄傲
नहीं तो（副）否则
डूब मरना（不及）淹死
समाप्त（形）结束的，完成的
असंभव（形）不可能的
मिलना-जुलना（不及）团结，联合
बचना（不及）得救
संभव（形）可能的
---करना（及）使可能
कार्य（阳）工作，事情

（ख）

स्वस्थ（形）健康的
---हो जाना（不及）恢复健康
ठंडक（阴）寒冷
सर्दी लगना（不及）受寒，着凉
जुकाम（阳）感冒
को---होना（不及）感冒
दर्द（阳）痛，疼痛
खांसी（阴）咳嗽
को---आना（不及）咳嗽
बुख़ार（阳）发烧
को---आना（不及）发烧
दवा（阴）药
लाभ（阳）好处，利益
फुर्सत（阴）时间，空闲

टिप्पणियाँ

1. यदि नाव में और पानी भर गया, तो हम डूब जाएंगे।

如果船舱里再进水，我们就会淹死。

并列连接词 और 除作连接词外，还有其他用法。例如：

（1）作形容词

और 放在一些名词之前，表示"还，再，更"等意思。

यदि नाव में और पानी भर गया तो...।

如果船舱里再进水，那么……

पिता जी से मैं कुछ और रुपये मांगूंगा।

我还要向父亲要些钱。

（2）作名词

औरों ने कहा कि यह काम तुमने किया।

别人都说这件事是你做的。

（3）作代词

आप और खाइये।

请再吃点。

2. मुझ अकेले से सारा पानी नहीं निकलेगा।

   我一个人是不能把水都舀出去的。

   मुझ अकेले से 中的 से 表示施事，动词一般为不及物动词。例如：

   उस से अब काम नहीं होता।

   他现在还不会办事。

   यह मुझ से कैसे हो सकेगा?

   这个我可怎么办呢?

3. मिल-जुलकर काम करने से मनुष्य असंभव कार्य को भी संभव कर देते हैं।

   只要团结一致，不可能办的事情人们也能办成。

   काम करने से 中的 से 表示某种原因。例如：

   आप लोगों की बातचीत से मेरी नींद टूट गयी।

第四课　चौथा पाठ

我被你们的谈话吵醒了。

किस को चीज़ खो जाने से दुख नहीं होता?

谁丢了东西不难过呢?

4. मुझे सर्दी लग गई।

我着凉了。

这一句型表示对某人或某物精神上的体验或感觉。如果这种体验或感觉是用名词来表示的，则用带后置词 को 的短语表示感受者。例如：

आज उसे जुकाम हो गया।

今天他感冒了。

आजकल मेरी माता जी को खांसी आती है।

最近我母亲常咳嗽。

सुना है कि आप को बुखार आ रहा है, क्या यह सच है?

听说你正在发烧，是真的吗?

आप से मिलकर हमें बड़ी खुशी हुई।

见到您我们非常高兴。

 व्याकरण

1. 完成分词

动词的完成分词表示在句中主要动词之前完成的动作。完成分词的变化十分简单，只在动词词根后加 कर 或 के。但是动词 करना 的完成分词只能是 करके。例如：

वह लड़की मेरी ओर देखकर मुस्कराई, "नमस्कार"।

那个姑娘朝我看了一眼，笑了笑说："您好。"

वे लोग उठकर खेल के मैदान में दौड़ने लगे।

他们起床后，就去操场跑步了。

वह दरवाज़ा खोलकर अन्दर गया।

他开了门就进去了。

完成分词一般在句子中作状语，修饰谓语动词，有时也可以修饰非谓语动词。例如：

आप रवि को बताकर आइये।

请告诉拉维后再来吧。

完成分词与它所修饰的动词之间有时间、方式、因果、转折等关系。例如：

मैं चाय पीकर आऊंगी।

我喝了茶后就来。（时间关系）

वह आंख बंद करके पाठ रट रहा है।

他闭上眼睛背课文。（方式关系）

आप से मिलकर मुझे बड़ी खुशी हुई।

见到您我非常高兴。（因果关系）

तुम अध्यापिका होकर ऐसी गलती करती हो?

你当了教师还常犯这样的错误？（转折关系）

有许多动词的完成分词成为固定的习惯用语。例如：

जान-बूझकर　故意地　　　ख़ास कर　特别地，特别是

मिल-जुलकर　团结起来　　एक एक करके　一个一个地

2. 将来时祈使语气

将来时祈使语气表示说话人不要求对方立刻就做的动作，或

者要求做的动作不是直接可以见到的。

तू कल यहाँ आना।

明天你到这里来吧。

तुम रविवार को अशोक जी के यहाँ जाना।

星期天请你去阿修格那里。

आप मेरी मदद कीजियेगा।

请您以后多帮助我。

将来时祈使语气的构成形式是：तू, तुम 用动词不定式原形；आप 则在现在时祈使语气动词后面加 गा。

将来时祈使语气的否定式与现在时祈使语气相同，否定词 न 一般加在动词的前面；नहीं 加在动词的后面；मत 则用在动词的前面或后面均可。例如：

ऐसा न कीजियेगा।

以后请别这样做。

देखो, भूलना नहीं।

注意，以后可别忘了。

कल डबास के यहाँ मत जाना।

明天不要去德巴斯那儿。

क्लास में चीजें खाइयेगा मत।

课上不要吃东西。

3. वाला 的用法

वाला 在印地语中使用较广泛，常用的有以下几种：

（1）वाला 的前面加名词

① 与实物名词连用时表示所有者、从事某种职业的人

或具有某种特征：

गाड़ी वाला 赶车的人　　नाव वाला 划船的人

दूध वाला 卖（送）牛奶的人　घड़ी वाला 钟表商

टोपी वाला छात्र 戴帽子的学生

② 与专有名词或地点普通名词连用表示该地区的居民：

बेइजिंग वाला　　北京人　　दिल्ली वाला　德里人

शहर वाला　　城里人

③ 与物质名词连用表示材料

पत्थर वाली इमारत　　石头楼房

लोहे वाला दरवाज़ा　　铁门

(2) वाला 与动词不定式（变形，后缀 ना 变为 ने）连用表示：

① 将发生的动作，多用作表语：

बस आने वाली है।

公共汽车快要来了。

गुप्ता भारत से आने वाला है।

古普塔就要从印度来了。

② 区别性意义：

बेइजिंग के रहने वाली छात्राएं　　住在北京的女生们

हिन्दी पढ़ने वाले विद्यार्थी　　学习印地语的学生

4. 条件连接词 अगर（यदि）...तो...

अगर...तो... 是条件连接词，अगर（यदि）引导条件状语从句，तो 在主句之前，有时 अगर（यदि）可以省略。例如：

अगर आप लोग अपने हाथों से पानी उलीचकर बाहर फेंक दें, तो नाव बच सकती है।

如果你们自己动手把水舀出去，船就不会沉没。

तुम न आओ, तो मुझे बता दो।

你要是不来，就告诉我一声。

如果主句在从句之前，主句前的 तो 可以省略。例如：

अपनी बेटी को भी लेकर आइये, अगर आप आएंगे।

如果您要来，请把您的女儿也带来。

अभ्यास

1. 语音练习：

छ --- छेद उछालना छोड़ना

ड --- डरना डूबना डगमगाना घमंड डाक्टर ठंडक

त --- इतने में तीखा नहीं तो पतवार समाप्त

प --- पुल पार पंद्रह पैसा पतवार समाप्त

ल --- पुल नाववाला उछालना अकेला सलाह मिलना-जुलना

स --- बीस पैसा स्वर सलाह समाप्त संभव स्वस्थ सर्दी खांसी नर्स

2. 朗读练习：

गंगा और जमुना की तरह, पंद्रह या बीस पैसे, नाव में बैठने वाले लोग, जोर से हँसकर कहा, मुझ अकेले से, थोड़ी ही देर में, मिल-जुलकर

आने जाने वाले लोग नाव में बैठकर नदी को पार करते थे।

नाव में नीचे से एक छेद हो गया।

वे सब डरकर चिल्लाने लगे।

अगर आप लोग अपने हाथों से पानी उलीचकर बाहर फेंक दें, तो नाव बच

सकती।
मैं पानी निकालने लगूँगा, तो पतवार कौन संभालेगा?
नाव डगमगाने लगी।
अपने ठाट-बाट और घमंड को छोड़ दो।
नहीं तो सब लोग डूब मरेंगे।
मिल-जुलकर काम करने से मनुष्य असंभव कार्य को भी संभव कर देते हैं।

3. 回答问题：

(1) वह नदी एक कैसी नदी है?

(2) लोग नदी को कैसे पार करते हैं?

(3) जब नाव नदी के बीच जा रही थी, तो क्या हुआ?

(4) क्या लोगों को नाव में छेद देखकर बहुत खुशी हुई?

(5) नाववाले ने पानी उलीचने के लिए लोगों से क्या कहा?

(6) एक आदमी ने नाववाले की बात सुनकर क्या कहा? तो नाववाले ने क्या जवाब दिया?

(7) जब नाव डगमगाने लगी, तो क्या लोग तालियां बजाने लगे?

(8) एक बूढ़े आदमी ने क्या सलाह दी?

(9) अन्त में सब लोगों ने मिल-जुलकर क्या किया?

4. 翻译下面的句子：

(1) आप खाना खाकर मेरे यहाँ आइये।

(2) आनंद जी की सलाह है कि आप लोग वाराणसी जाएँ।

(3) गाने वाली लड़की मेरी छोटी बहन है।

(4) उन्हें बताइये कि वे दो चार दिन और रहें।

(5) उसने मूंगफली वाले से कुछ ले लिया।

(6) तुम छुट्टी लेकर घर वापस जाओगे, क्या यह सच है?

(7) आप ही बताएँ कि पहले लड़कियां पढ़ें या लड़के?

(8) शराब पीकर गाड़ी मत चलाओ।

(9) हो सकता है वह लड़का गिर जाए।

(10) हो सकता है वह आदमी भाग जाए।

5. 翻译下面的句子：

(1) 城里人喜欢吃米饭（भात）。

(2) 他每天早饭后看报。

(3) 天气凉了，不要睡在外面。

(4) 昨天你打完篮球去哪儿了？

(5) 他着了凉，现在正在发烧。

(6) 卖香蕉的那个女人是阿南德的姐姐。

(7) 德巴斯先生，请喝了咖啡再走吧。

(8) 孩子们看完电视就去睡觉了。

(9) 拉维进了宿舍就唱了起来。

(10) 刚才金老师来告诉了我一个很好的消息（ख़बर）。

6. 造句：

(1) छेद होना

(2) डूब जाना

(3) डगमगाना

(4) डूब मरना

(5) नहीं तो

(6) सर्दी लगना

(7) खांसी आना

(8) हाथ चलाना

(9) पानी भरना

(10) इतने में

(11) सलाह देना

(12) समाप्त होना

（13）संभव करना （15）बुखार आना

（14）जुकाम होना

7. 改错：

(1) यह बात सुनकर मुझे परेशान हुआ।

(2) हम आप के घर कल आएगा।

(3) क्या यह सब काम उसने करा?

(4) आज मैं वहां जानी चाहिये।

(5) सुना है कि आप के पिता जी रेलगाड़ी पर आया?

(6) वह रोटी और पानी पीकर गया।

(7) भाषण देने का आदमी हमारे नये अध्यापक हैं।

(8) अभी माता जी ने तू को बुलाया।

(9) मैं यह काम करना चाहता है।

(10) अध्यापिका अनेक बार समझाया, लेकिन वह नहीं समझता।

8. 用 जाना, देखना, करना, लेना, होना, खाना 完成下列句子：

(1) कल मैं अपना काम समाप्त _____ घर गया।

(2) शीला किताबें _____ स्कूल जा रही है।

(3) वे लोग खाना _____ बाहर निकले।

(4) छात्राएं सिनेमा _____ घर लौटीं।

(5) मोहन बम्बई _____ तीन दिन में लौटेंगे।

(6) प्रकाश, तुम कल वह किताब _____ जाना।

(7) आनंद जी परेशान _____ मेरे पास आये।

9. 将下列句子改为使用完成分词的句子：

（1）वह आया और बोला।

（2）गौरैया ने पानी पिया और उड़ गयी।

（3）उन दोनों को दो-दो सेब मिले और वे खाने लगे।

（4）उसने टैक्सी（出租汽车）वाले को रुपये दिये और टैक्सी में बैठ गया।

（5）हर रोज़ सुरेश छै बजे उठता है और पढ़ता है।

（6）देखो, क्या रवि जी ने स्नान किया और बाहर आये?

（7）जब वह अधिक शराब पीता है, तो ज़ोर से हँसता है।

（8）मैंने उसकी बात सुनी और मुझे सब कुछ मालूम हो गया।

（9）जब राजा अन्दर पहुंचा तो उसने अपनी बेटी को बुलाया।

（10）सब लड़के आये और अपने पिता को नमस्कार किया।

（11）मैं दुकान पर गया और कुछ कपड़े खरीदे।

（12）वह लड़का जमीन पर बैठ गया और आराम करने लगा।

（13）आइये और मेरी मदद कीजिये।

（14）जब इस लड़की ने यह सुना तो वह रोने लगी।

10. 按照例句改变下列句子：

例：यह देखकर मैं परेशान हो गया।→ जब मैंने यह देखा तो मैं परेशान हो गया।

（1）सेब देखकर लड़कियों के मुंह में पानी भर गया।

（2）यह कहकर वह दफ़्तर से बाहर निकल गया।

（3）यह सुनकर मैं रोने लगी।

（4）आप ने वहाँ जाकर क्या किया?

（5）वह अस्पताल जाकर डाक्टर से मिला।

11. 分析下列句子：

（1）आने जाने वाले लोग नाव में बैठकर नदी को पार करते थे।

（2）छेद से नाव में पानी भरने लगा।

（3）यदि नाव में और पानी भर गया, तो हम डूब जाएंगे।

（4）मैं पानी निकालूंगा, तो पतवार कौन संभालेगा?

（5）हम सब लोग अपने हाथ से पानी नाव से बाहर निकाल दें।

12. 背诵全篇课文。

13. 阅读练习：

पिता के नाम पत्र

कमरा नं. 22，गंगा छात्रावास,

जवाहरलाल नेहरू विश्वविद्यालय,

नई दिल्ली---110067

5-11-2010

पूज्य पिता जी,

सादर प्रणाम।

माता जी की मिठाई और आपका पत्र दोनों प्राप्त हुए। गठरी देखकर मेरे साथी चींटि की तरह आये और थोड़ी ही देर में आधी मिठाई चटकर गये।

जब मेरे साथी टल गये, तब मुझे आप का पत्र पढ़ने का अवसर मिला। परिवार की कुशलता जानकर हार्दिक प्रसन्नता हुई। इस से भी अधिक प्रसन्नता इस बात से हुई कि आपने नये वर्ष के अवसर पर मुझे घर बुलाया। मैं 26 की शाम को ही घर पहुंच जाऊंगा।

मैं यहाँ खूब मज़े में हूँ। मेरे सभी साथी बहुत अच्छे हैं। हमारे वार्डन भी बहुत अच्छे हैं। माता जी से कह दें कि वे किसी प्रकार की चिन्ता न करें।

第四课　चौथा पाठ

माता जी को प्रणाम और रेणु तथा प्रतिभा को बहुत-बहुत प्यार।

आपका प्रिय पुत्र,
रवि

पूज्य（形）尊敬的
सादर（副）尊敬地
प्रणाम（阳）鞠躬，敬礼
मिठाई（阴）糖果
गठरी（阴）包裹
चींटा（阳）蚂蚁
आधा（形）一半的，二分之一
चटना（及）吃完
टलना（不及）离开，消失
रेणु（人名）雷努
कुशलता（阴）安康，幸福
हार्दिक（形）衷心的
प्रसन्नता（阴）高兴
वार्डन（阳）负责住校学生生活
　　　　的教师
प्यार（阳）爱
प्रिय（形）亲爱的
चिन्ता（阴）担心，担忧
की---करना（及）担心，担忧
आयुष्मान（形）长寿的
प्रसन्न（形）高兴的

प्रतिमा（人名）普尔蒂玛
संबोधन（阳）称呼
गुरु（阳）先师，老师
अभिवादन（阳）问候
निवेदन（阳）递交；呈请
ससुर（阳）岳父，丈人；公公
पूजनीय（形）尊敬的，可敬的
मान्यवर（形）尊敬的
आदरणीय（形）尊敬的
परम पूज्य（形）非常尊敬的
श्रीमान्（阳）先生
चरण स्पर्श（阳）足礼
स्नेहभाजन（阳）被抚爱的人
आज्ञाकारी（阳）仆人，服从命
　　　　令者
कृपाकांक्षी（阳）仁慈的人
स्नेही（阳）朋友
चिरंजीव（形）长寿的
प्रियवर（形）亲爱的
श्रीमती（阴）女士，夫人
भवदीय（形）您的，阁下的

शुभाशीर्वाद（阳）美好的祝福
शुभेच्छु（阳）热心者，同情者
शुभचिंतक（阳）爱护者，同情者
हितैषी（阳）同情者
शुभाकांक्षी（形）善意
मित्रवर（阳）好友
हृदयस्पर्श（阳）拥抱
सप्रेममिलन（阴）亲切相会
प्रेमाकांक्षी（形）渴望爱的
सखी（阴）女友
अभिन्न（形）同一的，不可分离的
महाशय（阳）先生，阁下
महोदय（阳）先生，阁下

परम（形）最高的，非常的
महामान्यवर（形）最值得尊敬的
माननीय（形）尊敬的
प्रार्थी（阳）请求者
सेवक（阳）仆人
निवेदक（阳）申请者，呈递者
विनीत（形）您的恭顺的
प्राणेश्वर（阳）丈夫，最爱的人
हृदयेश्वर（阳）丈夫，最亲爱的
प्राणप्रिय（形）最亲爱的
दासी（阴）女仆
हृदयेश्वरी（阴）妻子，最亲爱的人
प्रेमालिंगन（阴）爱的拥抱
महोदया（阴）女士，阁下

常用称谓与落款用语

सम्बन्ध	संबोधन	अभिवादन	निवेदन
बड़े संबंधियों को जैसे पिता, गुरु, बड़ा भाई, ससुर	पूजनीय, मान्यवर, आदरणीय, श्रीमान, पूरम पूज्य	प्रणाम, चरणस्पर्श, नमस्कार	आपका स्नेहभाजन, आज्ञाकारी, कृपाकांक्षी, आपका स्नेही
छोटे संबंधियों को जैसे छाटा भाई, पुत्र, भतीजा आदि	चिरंजीव, प्रियवर, आयुष्मान, प्रिय（नाम）	प्रसन्न रहो, शुभाशीर्वाद	तुम्हारा, शुभेच्छु शुभचिंतक, हितैषी, शुभाकांक्षी
बराबर वालों को जैसे मित्र, सहपाठी, साथी आदि	प्रिय, प्रिय मित्रवर（नाम）	नमस्ते, हृदय स्पर्श, सप्रेममिलन	तुम्हारा सहृदय, आपका, प्रेमाकांक्षी, तुम्हारा मित्र, तुम्हारी सखी, अभिन्न हृदय
परिचित व्यक्तियों को	महाशय, महोदय, श्रीमान, श्रीमती	नमस्ते, नमस्कार	आपका, भवदीय
अधिकारियों को	परम मान्यवर, महामान्यवर, मान्यवर, श्रीमान, माननीय, आदरणीय	प्रणाम, नमस्कार	प्रार्थी, सेवक, निवेदक, विनीत, भवदीय
पति को	प्रिय प्राणेश्वर, हृदयेश्वर, प्राणप्रिय	प्रणाम, चरणस्पर्श, सादर प्रणाम	आपकी दासी （दासी, प्रिय）
पत्नी को	प्राणप्रिय, हृदयेश्वरी	प्रेमालिंगन, सप्रेममिलन	तुम्हारा जीवन साथी
अपरिचित महिला को	महोदया	नमस्ते	आपका, भवदीय, शुभेच्छु

第五课　पांचवां पाठ

पाठ	झांसी की रानी
बातचीत	चाय-पार्टी
व्याकरण	1. 过去完成时
	2. 复合动词 लेना
	3. 连接词 ताकि

 पाठ

झांसी की रानी

झांसी की रानी लक्ष्मीबाई महान वीरांगना थीं।

उनका जन्म सन् 1835 में हुआ था। बचपन से ही उन्होंने तीर चलाने, घुड़सवारी करने का अभ्यास किया था और युद्ध-विद्या की शिक्षा पाई थी।

उनका विवाह झांसी के राजा गंगाधरराव के साथ हुआ था। परन्तु गंगाधरराव अधिक दिनों तक जीवित नहीं रह सका। उन्नीस वर्ष की अवस्था में लक्ष्मीबाई विधवा हो गईं।

विधवा होने से वे बहुत निराश नहीं हुईं। इसके विपरीत वे साहस के साथ

खुद राजकाज देखने लगीं।

इसके बाद अंग्रेज़ी उपनिवेशवादियों ने झांसी पर हमला किया और उस पर कब्ज़ा कर लिया।

सन् 1857 में भारत में अंग्रेज़ी राज्य के खिलाफ़ आज़ादी की लड़ाई शुरू हुई। इस अवसर पर लक्ष्मीबाई ने एक सेना संगठित की और झांसी को आज़ाद कर लिया। वे फिर झांसी में राज करने लगीं।

लेकिन ऐसा हाल बहुत दिनों तक न रहा। अंग्रेज़ी सेना ने झांसी को फिर से घेर लिया। दोनों ओर से घमासान युद्ध शुरू हुआ।

लक्ष्मीबाई ने अपनी वीरता दिखाई। उन्होंने अपने बच्चे को पीठ से बांधकर और घोड़े पर चढ़कर साहस के साथ दुश्मन पर हमला किया।

वे लगातार ग्यारह दिनों तक लड़ती रहीं। लेकिन अंत में हार गईं और कालपी चली गईं। अंग्रेज़ी सेना ने उनका पीछा किया, पर उन्हें पकड़ न सकी।

कालपी में लक्ष्मीबाई ने फिर से अपनी सेना का संगठन किया और ग्वालियर के पास फिर से युद्ध शुरू कर दिया।

यह उनका अंतिम युद्ध था। उन्होंने अपनी सारी शक्ति लगा दी। वे जीजान से लड़ीं, लेकिन बाद में हार गईं। तेईस वर्ष की उमर में वे वीरता के साथ अपने देश की आज़ादी के लिए शहीद हो गईं।

उनकी याद में भारतीय जनता ने बहुत से लोकगीत और कविताएं रचीं। ये लोकगीत और कविताएं हमेशा लोगों की ज़बान पर रहते हैं।

बातचीत

चाय-पार्टी

मोहल : अरे विमला, कहां जा रही हो?

विमला: मैं चाय-पार्टी के लिये जा रही हूं। क्या तुम भूल गये, आज आनंद जी के यहां एक चाय-पार्टी है। सब को जाना चाहिए।

मोहल : ओह, मैं तो बिल्कुल भूल गया था। ज़रा रुको। हम साथ साथ चलें।

विमला: जल्दी करो, देर हो रही है।

मोहल : वहां कितनी देर लगेगी?

विमला: मेरे विचार से कम से कम आधा घंटा।

मोहल : नहीं भई, चाय-पार्टी में लोग आराम से बातें करते हैं, समय कम नहीं लगेगा।

विमला: तुम बहुत बोलते हो। चुप रहो। जल्दी तैयार हो जाओ ताकि हम समय पर पहुंचें।

मोहल : अब मैं बिल्कुल तैयार हूं। आओ, हम चलें।

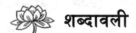

शब्दावली

(क)

झांसी（地名）章西

रानी（阴）女王，王后

लक्ष्मीबाई（人名）拉琪米巴伊

वीरांगना（阴）女英雄

जन्म（阳）出生，诞生

पैंतीस（数）三十五

तीर（阴）箭

---चलाना（及）射箭

घुड़सवारी（阴）骑马

युद्ध-विद्या（阴）战术；军事学

शिक्षा（阴）教育

---पाना（及）受教育，接受教育

विवाह（阳）结婚

गंगाधरराव（人名）耿迦特尔拉奥

अधिक（形）多的，为数多的

परन्तु（连）但是

जीवित（形）活着的

अवस्था（阴）年纪；情况

विधवा（阴）寡妇

निराश（形）失望的，灰心的

के विपरीत（后）相反

साहस（阳）勇气

राजकाज（阳）朝政，国务

उपनिवेशवादी（阳）殖民主义者

हमला（阳）侵略，进攻

第五课　पांचवां पाठ

पर---करना（及）侵略，进攻
कब्ज़ा（阳）占领
पर---करना（及）占领
सत्तावन（数）五十七
राज्य（阳）王国；统治
के खिलाफ़（后）反对
आज़ादी（阴）自由；独立
लड़ाई（阴）战争，战斗
ओर（阴）方面，方向
संगठित（形）有组织的
---करना（及）组织；建立
आज़ाद（形）自由的；独立的
---करना（及）解放
राज（阳）统治，管理
हाल（阳）情况
घेरना（及）包围
तेईस（数）二十三
घमासान（形）激烈的
वीरता（阴）英勇
बांधना（及）捆绑

दुश्मन（阳）敌人
लगातार（副）不断
हारना（不及）失败
कालपी（地名）卡尔比
पीछा（阳）背后
का---करना（及）追赶
पकड़ना（及）捉住
संगठन（阳）组织
का---करना（及）组织起来
ग्वालियर（地名）瓜廖尔
अंतिम（形）最后的
जी जान（阳）生命
---से（副）竭尽全力地，全心
　　　　　全意地
लड़ना（及、不及）战斗，斗争
शहीद（阳）烈士
याद（阴）回忆，记忆
रचना（及）写作，创作
ज़बान（阴）口头
चला जाना（不及）走，离去

(ख)

पार्टी（阴）聚会；政党
चाय-पार्टी（阴）茶话会
रुकना（不及）停下

जल्दी（阴）快，迅速
---करना（及）快，迅速
भूलना（不及）忘记

कम से कम（副）至少
चुप（形）安静的
---होना（不及）安静
तैयार（形）准备好了的
---करना（及）准备
---होना（不及）准备

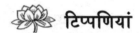

टिप्पणियां

1. विधवा होने से वे बुहत निराश नहीं हुईं।
守寡之后她没有变得十分消沉。

后置词 से 在这里表原因，相当于汉语“由于”。例如：

अच्छी तरह पढ़ने से वह एम.ए. छात्र बन गयी।

她由于努力学习考上了硕士研究生。

2. उन्होंने अपने बच्चे को पीठ से बांधकर और घोड़े पर चढ़कर साहस के साथ दुश्मन पर हमला किया।
她把孩子绑在背上，骑上马，勇敢地向敌人冲去。

पीठ से बांधकर 中的 से，是 बाँधना 所要求的。例如：

उसने अपना घोड़ा एक पेड़ से बांध दिया।

他把马拴在了树上。

3. वे लगातार ग्यारह दिनों तक लड़ती रहीं।
她连续战斗了十一天。

लड़ती रहीं 是现在分词加 रहना 表示动作的延续。

4. वहां कितनी देर लगेगी?
在那里要待多久？

लगना 与时间名词连用表示"需要，花费"等意思，例如：

समय कम नहीं लगेगा।
会占用不少的时间。

यह उपन्यास पढ़ने में चार घंटे लगेंगे।
需要四个小时才能读完这部小说。

5. मेरे विचार से कम से कम आधा घंटा।
我想至少需要半小时。

这句话省略了 लगेगा，全句应为 मेरे विचार से कम से कम आधा घंटा लगेगा।

印地语有些形容词重叠，中间加后置词 से，表示加强其程度。例如：

| कम से कम | 至少 | अच्छे से अच्छा | 更好 |
| ज़्यादा से ज़्यादा | 更多 | सुंदर से सुंदर | 更漂亮 |

 व्याकरण

1. 过去完成时

动词过去完成时，表示很早以前或在过去某一特定的时间之前完成的动作或状态。

2. 过去完成时的构成形式

动词过去完成时的构成形式是在动词过去时后加上 था, थे, थी,

थीं (加 थीं 时应去掉过去时最后一个音节的鼻音)。

以 देखना 和 आना 为例，列表如下：

动词	单数		复数	
	阳性	阴性	阳性	阴性
देखना	देखा था	देखी थी	देखे थे	देखी थीं
आना	आया था	आयी थी	आये थे	आयी थीं

3. 过去完成时的用法

（1）表示说话人认为是过去时间较久的动作。例如：

पिछले साल मैंने उस को देखा था।

去年我曾见过他。

कल रात को सीता और शीला ऊपर सोयी थीं।

昨天晚上悉达和希拉都睡在楼上。

हमने बहुत पहले यह कहानी पढ़ी थी।

我们早就读过这篇小说。

（2）表示在过去某一事件前完成的动作。例如：

जब हम वहां पहुंचे, तो दूसरे सहपाठी वहां आ गये थे।

当我们到那里时，其他同学都已经来了。

गोपाल के वहां पहुंचने से पहले गाड़ी चली गई थी।

戈巴尔到那里之前，车已经开走了。

उसने अपना पाठ नहीं दोहराया था, इसलिये उसकी माता को खुशी नहीं हुई।

他没有温习功课，所以他母亲不高兴。

अध्यापक चांग ने चू ईंग से कई बार यह प्रश्न पूछा था, लेकिन उसने उत्तर

नहीं दिया।

张老师向朱英提问了好几次，但是她都没能回答出来。

（3）表示动作完成于过去，其结果现在已不存在。例如：

दिनेश आ गये?

迪雷希来了吗？

वे आये थे।

他来过了。（现在已经不在这里）

कमरे में गर्मी है, तुमने खिड़कियां क्यों नहीं खोलीं?

屋里太热，你为什么不开窗户？

मैंने खिड़कियां खोली थीं।

我开过窗子了。（现在已经关上了）

（4）用于主句中，后面跟一个用连接词कि引导的状语从句，表示过去同时发生的两个事件。例如：

मैं दफ़्तर से निकला ही था कि वर्षा होने लगी।

我刚从办公室出来，就下起了雨。

एक दिन वह बाहर गया ही था कि उसकी पत्नी वापस आयी।

一天，他刚出去，他的妻子就回来了。

4. 复合动词लेना

动词लेना与及物动词词根连用，构成复合动词，加强主要动词的语气，表示其动作是为自己的或向内的。例如：

राम ने मित्र का पत्र पढ़ लिया।

拉姆看了朋友的来信。

मैं आज के दो टिकट खरीद लूंगा।

我将购买两张今天的票。

आप उसकी बात सुन लीजिये।

请您听他说吧！

5. 连接词ताकि

连接词 ताकि 的意思是"以便……""为了……"。引导状语从句，引导的状语从句须用虚拟语气，表示目的。例如：

उसे यहां बुलाओ, ताकि वह अच्छी तरह पढ़े।

把他叫到这里，以便让他好好学习。

मैं समय से पहले स्टेशन आया, ताकि मैं आराम से गाड़ी पर चढ़ूं।

我提前到火车站，为的是上火车时不拥挤。

अभ्यास

1. 语音练习：

（1）ग --- वीरांगना संगठित ग्वालियर लोकगीत

（2）घ --- घमासान घेरना घोड़ा घुड़सवारी

（3）复合辅音

लक्ष्मीबाई गंगाधरराव युद्ध-विद्या अवस्था कब्ज़ा दुश्मन अंतिम शक्ति

（4）词组

बचपन से ही, अधिक दिनों तक, की अवस्था में, साहस के साथ, कुछ ही दिनों बाद, आज़ादी की लड़ाई, फिर से घेर लेना, दोनों ओर से, घोड़े पर सवार होना, अंतिम युद्ध, जीजान से लड़ना, सारी शक्ति लगाना, वीरता के साथ, आज़ादी के लिए, की याद में, लोगों की ज़बान पर

2. 朗读句子：

(1) उनका जन्म सन् 1835 में हुआ था।

(2) उनका विवाह झांसी के राजा गंगाधरराव के साथ हुआ था।

(3) विधवा होने से वे बहुत निराश नहीं हुईं।

(4) इस के बाद अंग्रेज़ी उपनिवेशवादियों ने झांसी पर हमला किया, और उसपर कब्ज़ा कर लिया।

(5) अंग्रेज़ी सेना ने उसे फिर से घेर लिया।

(6) वे अपने बच्चे को पीठ से बांधकर और घोड़े पर चढ़कर साहस के साथ दुश्मन पर हमला किया।

(7) वे लगातार ग्यारह दिनों तक लड़ती रहीं।

(8) अंग्रेज़ी सेना ने उनका पीछा किया, पर उन्हें पकड़ न सका।

(9) तेईस वर्ष की उमर में वे वीरता के साथ अपने देश की आज़ादी के लिये शहीद हो गईं।

(10) ये लोकगीत और कविताएं हमेशा लोगों की ज़बान पर रहते हैं।

3. 回答问题：

(1) लक्ष्मीबाई कौन थीं? उनका जन्म कब हुआ था?

(2) उनका विवाह किसके साथ हुआ था?

(3) लक्ष्मीबाई ने कैसी शिक्षा पायी थी?

(4) वे किस अवस्था में राजकाज करने लगीं?

(5) अंग्रेज़ी उपनिवेशवादियों ने झांसी पर कब हमला किया?

(6) भारत में अंग्रेज़ी राज्य के खिलाफ़ आज़ादी की लड़ाई कब शुरू हुई?

(7) जब दोनों ओर से घमासान युद्ध हुआ, तो लक्ष्मीबाई किस तरह लड़ीं?

(8) वे कितने दिन तक लड़ती रहीं?

(9) जब वे हार गईं, तो वे कहां चली गईं?

(10) क्या दुश्मनों ने उनका पीछा किया और उन्हें पकड़ लिया?

(11) कालपी में पहुंचकर लक्ष्मीबाई ने क्या किया?

(12) क्या उन्होंने फिर युद्ध शुरू किया?

(13) क्या वह उनका अंतिम युद्ध था?

(14) अंतिम युद्ध में लक्ष्मीबाई किस तरह लड़ीं?

(15) उनकी याद में भारतीय जनता ने क्या किया?

4. 翻译下面的句子：

(1) 1857 年，章西女王曾和章西人民一起同殖民主义者进行了英勇的斗争。

(2) 印度历史上曾有一位女英雄，她在童年时学习射箭和骑马等。

(3) 现在虽然他们处境非常困难，但是这种情况不会持续太久。

(4) 我们应该全心全意为人民服务。

(5) 我十八岁在北京大学学习时，他已经开始工作了。

(6) 晚上早睡，为的是第二天早起。

(7) 为了纪念章西女王，印度人民写了很多歌曲和诗歌。

(8) 人们永远歌颂这位女英雄的英雄（वीरतापूर्ण）事迹。

(9) 上课的时间就要到了，快走。

(10) 我们要努力学习印地语，以便为中印两国人民多做些事。

5. 翻译下面的句子：

(1) आपके आने के पहले वह घोड़े पर चढ़कर चली गयी थी।

(2) झांसी की रानी लक्ष्मीबाई बहुत दुखी और निराश ही नहीं हुईं, बल्कि स्वयं राजकाज देखने लगीं।

(3) उन्होंने वीरता के साथ आज़ादी की लड़ाई लड़ी थी।

(4) लक्ष्मीबाई हारकर झांसी से कालपी चली गयी।

(5) बाद में उन्होंने सेना का संगठन करके फिर दुश्मनों के खिलाफ़ लड़ाई लड़ी थी।

(6) उन्होंने अपनी सारी शक्ति लगाकर लड़ाई लड़ी थी।

(7) ये लोकगीत और कविताएं हमेशा भारतीय लोगों की ज़बान पर रहते हैं।

(8) वे वीरता के साथ अपने देश की आज़ादी के लिये शहीद हो गईं।

6. 用括号里的动词完成下列句子：

(1) बचपन से ही उसने अंग्रेज़ी की अच्छी शिक्षा _____ (पाना)।

(2) खिड़कियां खुलने से पहले भोजनालय खानेवालों से _____ (भरना)।

(3) आज सुबह आप कहां _____ (जाना)।

(4) जब वह _____ (पहुंचना) तो क्लास _____ (शुरू होना)।

(5) सुना है कि कल आपने बेनाम झील में से एक लड़के को _____ (बचाना)?

(6) इसके पहले तुम लोग बेइजिंग यूनिवर्सिटी में कब _____ (आना)?

(7) कुछ दिन पहले मेरे पिता जी मेरे लिये एक नयी साइकिल _____ (लाना)।

7. 用括号里的词将下列句子变为过去完成时：

(1) अब आप कौन-सा अख़बार पढ़ती हैं? (कल शाम को)

(2) सुरेश बम्बई जाएगा। (परसों)

(3) वे लोग इस कमरे में ताश खेल रहे हैं। (कल)

(4) गोपाल स्कूटर（三轮摩托车）से आया। (कल सुबह)

(5) कुमार और मोहन उस कमरे में सोते हैं। (कल रात को)

(6) वे चीन की यात्रा करेंगे। (पिछले साल)

8. 造句：

(1) जन्म होना
(2) निराश होना
(3) कब्ज़ा करना
(4) संगठित करना
(5) चढ़ना
(6) जीजान से
(7) की याद में
(8) कम से कम
(9) ताकि
(10) विवाह होना
(11) हमला करना
(12) के खिलाफ़
(13) आज़ाद करना
(14) पीछा करना
(15) शहीद होना
(16) रचना
(17) तैयार करना

9. 改错：

(1) हम रोटी और पानी खाकर चले गये।
(2) उसका नाचना और गाना सुन रहे थे।
(3) वह प्रश्न पूछते लगा।
(4) लोग हिन्दी की शिक्षा ले रहा हैं।
(5) मैं उसे समझ लूंगा।
(6) अगर वह दिल्ली गया तो पुस्तक लाया।
(7) आप को चाहिये कि आप उनसे मिलते।
(8) मैं रविवार में तुम्हारे घर आऊंगा।
(9) आप तो आ गए, पर तुम्हारी बहन नहीं आई।
(10) सब लोग अपना काम करो।
(11) वे लगभग दौड़ रहा है।
(12) श्री रमेश मेरे अपना बड़ा भाई हैं।

10. 完成下列对话：

कपूरः रवि जी, आप पिछले महीने कहां गये थे?

रवि : मैं भारत ______ ।

कपूरः आप भारत में कितने दिन रहे?

रवि : मैं केवल बीस दिन ______ ।

कपूरः आपने किन स्थानों की यात्रा की थी?

रवि : ______ इलाहाबाद, बम्बई और मद्रास ______ ।

कपूरः मद्रास में आप कहां रहे थे?

रवि : एक होटल में ______ ।

कपूरः आप भारत से क्या लाये?

रवि : ______ कुछ हिन्दी किताबें ______ ।

कपूरः हमें कब दिखाएं।

रवि : ______ ।

11. 分析下列句子：

(1) बचपन से ही उन्होंने तीर चलाने, घुड़सवारी करने का अभ्यास किया था और युद्ध-विद्या की शिक्षा पाई थी।

(2) इसके बाद अंग्रेज़ी उपनिवेशवादियों ने झांसी पर हमला किया, और उसपर कब्ज़ा कर लिया।

(3) दोनों ओर से घमासान युद्ध हुआ।

(4) कालपी में लक्ष्मीबाई ने फिर से अपनी सेना का संगठन किया और ग्वालियर के पास फिर से युद्ध शुरू कर दिया।

(5) उनकी याद में भारतीय जनता ने बहुत से लोकगीत और कविताएं रचीं।

12. 背诵全篇课文。

13. 阅读练习：

（क） निमंत्रण-पत्र

एस 252 ग्रेटर कैलाश
नई दिल्ली
4-16-2010

प्रिय महोदय,

मेरे पुत्र कृष्ण कुमार का शुभ विवाह मथुरा निवासी श्री रमाकांत जी की पुत्री कुमारी राधा से 5-1-2010 को होना निश्चित है। आपसे अनुरोध है कि बारात में सम्मिलित होकर कार्यक्रम की शोभा बढ़ाएं और वर-वधु को आशीर्वाद प्रदान करें।

दर्शनाभिलाषी,
राकेश बंसल

कार्यक्रम

5-1-2010	अपराह्नः दो बजे ग्रेटर कैलाश से बस द्वारा बारात का प्रस्थान
5-1-2010	शाम को छह बजे द्वार पूजा
5-1-2010	रात को 9 बजे विवाह-संस्कार
5-2-2010	प्रातः 9 बजे विदाई

निमंत्रण-पत्र（阳）邀请信

मथुरा（地名）马土腊

ग्रेटर कैलाश（地名）格蕾特尔盖拉希

वधु（阴）新娘

आशीर्वाद（阳）祝福

प्रदान（阳）给予，赐予

---करना（及）给予，赐予

निवासी（阳）居民
अनुरोध（阳）请求
बारात（阳）迎亲队
सम्मिलित（形）参加的，加入的
कार्यक्रम（阳）活动，节目
शोभा（阴）光泽，光彩
वर（阳）新郎

दर्शनाभिलाषी（形）期盼会面的
अपराह्न（阳）午后，下午
प्रस्थान（阳）出发
संस्कार（阳）仪式
प्रातः（阳）早晨
विदाई（阴）告别

(ख) बधाई-पत्र

जनकपूरी
15 मई, 2010
प्रिय राकेश,
    बधाई है！बधाई है！！
    बहुत दिनों की प्रतीक्षा के बाद अभी-अभी "नवभारत टाइम्स" में तुम्हारा परीक्षा-फल देखा। तुम्हारा क्रमांक प्रथम श्रेणी की सूची में देखकर मेरी प्रसन्नता की सीमा न रही। क्या ही अच्छा होता कि आज तुमसे मिलकर बधाई देता और अपना मुंह मीठा करता। बहरहाल, मेरी मिठाई सुरक्षित रहो। जब भी मिलूंगा, खाकर ही रहूंगा। अभी मेरी और सुनील की बधाई स्वीकार करो।

तुम्हारा ही,
मदन मोहन

राकेश（人名）拉盖希
जनकपुरी（地名）金格普利
बधाई（阴）祝贺

सूची（阴）表册，目录
सीमा（阴）边界
बहरहाल（副）无论如何

प्रतीक्षा（阴）等待　　　　　सुरक्षित（形）保存的
क्रमांक（阳）名次　　　　　मदन मोहन（人名）莫登·莫汉
श्रेणी（阴）等级　　　　　　सुनील（人名）苏尼尔

第六课　छठा पाठ

पाठ	ताजमहल
बातचीत	पढ़ाई के बारे में
व्याकरण	1. 致使动词
	2. 致使动词的用法
	3. पड़ना 的用法
	4. 不定数词
	5. इतना...कि...

 पाठ

ताजमहल

भारत का ताजमहल अपनी सुंदरता के लिए सारे संसार में प्रसिद्ध है। इसकी गणना विश्व के आठ आश्चर्यों में है। यह मुग़ल बादशाह शाहजहां की बेगम मुमताजमहल का मकबरा है। शाहजहां ने उसकी याद में उसे बनवाया था। इसके लिए करोड़ों रुपये ख़र्च किए थे और लाखों मज़दूरों ने लगातार तीस साल तक मेहनत करके इसे तैयार किया था।

ताजमहल तक पहुंचने के लिए पहले एक विशाल द्वार में से प्रवेश करना पड़ता है। इसके आगे एक सुन्दर बाग़ है। बाग़ में दोनों तरफ़ फूलों की क्यारियां हैं। बीच में एक पतली नहर है। उस में जगह-जगह फ़ौवारे छूटते हैं। हौजों में रंगीन मछलियां तैरती हैं। नहर के दोनों किनारे सरो के पेड़ों की कतारें हैं। बाग़ को पार करके ताज सामने आता है।

ताज सफ़ेद संगमरमर का है। एक विशाल और ऊंचे चबूतरे पर चारों कोनों में मीनारें खड़ी हैं। बीच में ताज की मुख्य इमारत है।

ताज के बड़े गुम्बद के चारों ओर छोटी बुर्जियां हैं। भीतर एक परीक्रमा सी है। इस में रोशनदानों से हलका सा प्रकाश आता है।

सीढ़ियों से नीचे उतरकर मुमताजमहल और शाहजहां की कब्रें मिलती हैं। कब्रों के चारों ओर अष्टकोण में संगमरमर की अत्यन्त सुंदर जाली है। यह कला का अनुपम नमूना है। कहते हैं कि इस जाली को बनाने के लिए कलाकारों ने बहुत परिश्रम किया था और इसके बनने में लगभग दस वर्ष लगे थे। कब्रों के ऊपर के सफ़ेद पत्थर कला के जादू से फूलों के बाग़ से लगते हैं।

ताजमहल के पीछे जमुना बहती है। उसके जल में इसकी पूरी छाया डोलती है। चांदनी रात में ताज इतना सुंदर लगता है कि दर्शक मंत्रमुग्ध रह जाता है।

बातचीत

पढ़ाई के बारे में

गोपालः हेलो मधु, कहाँ जा रही हो?

मधु ः मैं भाषा विभाग को जा रही हूँ। ज़रा सुनाओ गोपाल, तुम्हारी पढ़ाई कैसी चल रही है?

गोपालः पढ़ाई इतनी अच्छी नहीं है।

मधु ः क्या बात है?

गोपालः तुम शायद जानती हो कि दूसरे सहपाठी पढ़ाई में मुझ से आगे हैं।

मधु ः पढ़ाई में क्या कठिनाइयाँ हैं?

गोपालः उच्चारण और व्याकरण में बहुत कठिनाइयां हैं।

मधु　: दिल छोटा मत करो। मेहनत से पढ़ो। धीरे धीरे सब कुछ ठीक हो जाएगा।

गोपालः धन्यवाद। अच्छा, बहुत देर हो गई। नमस्कार।

मधु　: नमस्कार।

शब्दावली

(क)

आगरा（地名）阿格拉

ताजमहल（阳）泰姬陵

सुन्दरता（阴）漂亮，美丽

सारा（形）全部的，整个的

संसार（阳）世界

आश्चर्य（阳）奇观

गणना（阴）列入

मुग़ल（形）莫卧儿的

बादशाह（阳）皇帝

शाहजहाँ（人名）沙杰汗

बेगम（阴）夫人，后妃

मुमताजमहल（人名）穆姆泰姬莫赫尔

मकबरा（阳）陵墓

खर्च（阳）开支，费用

---करना（及）花费，消耗

प्रवेश（阳）进入

में---करना（及）进入

बाग़（阳）花园

तरफ़（阴）方向，方面

आगे（副）前面，前方

क्यारी（阴）田垄

बीच（阳）中间

पतला（形）细的，小的

नहर（阴）水渠

फ़ौवारा（阳）喷泉

छूटना（不及）奔流，发出

हौज़（阳）水池

सरो（阳）丝柏树

ताज（阳）泰姬（陵）

चबूतरा（阳）台，露台

मीनार（阴）小尖塔

गुम्बद（阳）圆屋顶

बुर्जी（阴）小塔

मुख्य（形）主要的

भीतर（阳）内部

परिक्रमा（阴）圣地附近、庙宇周围的道路
रोशनदान（阳）天窗
हलका（形）微弱的，轻的
परिश्रम（阳）劳动
---करना（及）劳动
प्रकाश（阳）光线
सीढ़ी（阴）台阶
कब्र（阴）坟墓
अष्टकोण（阳）八角形
जाली（阴）网格子

अनुपम（形）不可比拟的
नमूना（阳）模型，样子
पत्थर（阳）石头
बहना（不及）流，淌
जल（阳）水
छाया（阴）影子
डोलना（不及）摇摆
चाँदनी（阴）月光
मंत्रमुग्ध（形）被法术迷惑的
---रहना（不及）着迷

（ख）

हेलो 喂

दिल（阳）心，心脏

 टिप्पणियां

1. शाहजहाँ ने उसकी याद में उसे बनवाया था।

की याद में 意为"纪念""怀念"，例如：
श्री वसंत ने अपनी माता जी की याद में यही पुस्तक लिखी।
沃森德先生为了怀念他的母亲撰写了这本书。

2. भीतर एक परिक्रमा सी है।

语气词 सा 与名词或代词连用表示相似，有"像……一样"的

意思。当语气词 सा 与名词连用时，其性、数与有关的名词一致。例如：

उसका शरीर फूल सा है।

她的身体像花朵似的。

मेरी पत्नी की आँखें कमल सी हैं।

我妻子的眼睛好似莲花。

3. इस में रोशनदानों से हलका सा प्रकाश आता है।

语气词"सा"与性质形容词连用，表示"有些""有点"等意思。例如：

छोटा सा पेड़　　小小的树

वह कुछ दुबला-सा लग रहा है।

他似乎瘦了一些。

उसका बाल लम्बा-सा है।

他的头发长长的。

4. कब्रों के ऊपर के सफ़ेद पत्थर कला के जादू से फूलों के बाग़ से लगते हैं।

से लगना 意思为"与……相似"。

5. चाँदनी रात में ताज इतना सुन्दर लगता है कि दर्शक मंत्रमुग्ध रह जाता है।

句中 लगना 意思是"显得""看起来"，例如：

यह लाल कपड़ा पहनकर वह बड़ी सुन्दर लगती है।

她穿上这件红衣服看起来非常漂亮。

6. दिल छोटा मत करो।

दिल छोटा मत करो 是一句成语，意思为"垂头丧气""沮丧"。

इसके बारे में आप अच्छी तरह जानते हैं। लेकिन आज आप क्यों दिल इतना छोटा करते हैं?

关于这方面您是很清楚的，但是今天您为什么这么沮丧？

 व्याकरण

1. 致使动词

致使动词是印地语动词的一种，它是在基本动词后面附加一定的后缀构成。这种动词具有致使的意义，有"使……""使某人做某事"等意思。例如：基本动词 बनना 的意思是"成为""变为"等。在 बनना 的词根后加 आ 构成 बनाना，बनाना 具有"建造""做"等意思。在 बनना 词根的后面附加后缀 वा 构成动词 बनवाना，其意思为"使某人建造"等，例如：

नयी इमारत बन रही है।

新楼房正在建造。

मज़दूर नयी इमारत बना रहे हैं।

工人们正在建造新楼房。

वह मज़दूरों से नयी इमारत बनवा रहा है।

他让工人们建造新楼房。

2. 致使动词的用法

使用致使动词时，句子一般具有主使者、被使者、受事和致使动词。主使者即主使该动作的人，在句中常作主语；被使者是被使令完成某一动作的人，被使者的后面须加后置词 से 或 के द्वारा；受事是动作的承受者，在句中常作宾语。致使动词常有两个宾语，即直接宾语和间接宾语，间接宾语的后面要加后置词 को。例如：

पिता जी ने अध्यापक जी से मुझे हिन्दी पढ़वायी।

父亲请老师教我印地语。

मेरी बड़ी बहन अक्सर मुझ से माता जी को पत्र लिखवाती हैं।

姐姐常叫我给母亲写信。

3. पड़ना 的用法

पड़ना 和动词不定式连用，表示被迫做某事，具有"不得不……""只好……"等意思。主语的后面须加后置词 को。例如：

आजकल गोपाल को रोज़ घर का काम करना पड़ता है।

最近戈巴尔每天都得做家务。

कल मुझे खुद खाना बनाना पड़ा था।

昨天我只好自己做饭。

आज भी तुम्हें कपड़े धोने पड़ेंगे।

你今天还得洗衣服。

हो सकता है कि आप को वहाँ जाना पड़ जाए।

也许您只好去那里。

4. 不定数词

印地语除 कई, अधिक, अनेक 等不定数词外，दस, बीस, सैकड़ा, हज़ार, लाख, करोड़, अरब, खरब 等基数词后面加 ओं 构成集数形式，这些词常用来表示不定数，不定数一般作定语。

बीसों छात्र　　几十名学生

सैकड़ों आदमी   好几百人

करोड़ों रुपये   数千万卢比

5. इतना (ऐसा) ...कि...

इतना...कि...意思为"如此……以至……"。这种句型是主从复合句，引导词 कि 所引导的是程度状语从句，主句中的相关词为 इतना，例如：

वह हमें देखकर इतना घबराया कि भाग गया।

他一看见我们就吓得逃之夭夭。

यहाँ इतनी भीड़ है कि बैठने की जगह नहीं मिलती।

这里非常拥挤，连坐的地方都没有。

 अभ्यास

1. 语音练习：

क --- मकबरा करोड़ों क्यारी कुरान कब्र दर्शक परिक्रमा हलका प्रकाश अष्टकोण

त --- ताजमहल मुमताजमहल तीस तरफ़ पतला ताज चबूतरा अत्यन्त पत्थर

द --- सुन्दरता बादशाह द्वार गुम्बद रोशनदान चाँदनी प्रसिद्ध

प --- प्रसिद्ध प्रवेश परिक्रमा प्रकाश अनुपम पत्थर

ब --- बादशाह बेगम मकबरा बनवाना बाग़ बीच चबूतरा गुम्बद कब्र बहना

复合辅音

सुन्दर प्रसिद्ध द्वार प्रवेश क्यारी गुम्बद बुर्जी परिक्रमा प्रकाश

कब्र अष्टकोण अत्यन्त पत्थर मंत्रमुग्ध

2. 朗读练习：

（1）इसकी गणना विश्व के आठ आश्चर्यों में है।

（2）इसके लिये करोड़ों रुपये खर्च हुए थे।

（3）बाग़ में दोनों तरफ़ फूलों की क्यारियाँ हैं।

（4）हौज़ों में रंगीन मछलियाँ तैरती हैं।

（5）एक विशाल और ऊंचे चबूतरे पर चारों कोनों में चार मीनारें खड़ी हैं।

（6）इसमें रोशनदानों से हलका सा प्रकाश आता है।

（7）कब्रों के चारों ओर अष्टकोण में संगमरमर की अत्यन्त सुन्दर जाली है।

（8）कब्रों के ऊपर के सफ़ेद पत्थर कला के जादू से फूलों के बाग़ से लगते हैं।

（9）चांदनी रात में ताज इतना सुन्दर लगता है कि दर्शक मंत्रमुग्ध रह जाता है।

3. 回答问题：

（1）ताजमहल कहाँ है? किसने ताजमहल को बनवाया था?

（2）इसके लिये कितने रुपये खर्च हुए थे? और कितने मज़दूरों ने कितने साल लगाये थे?

（3）दर्शक ताज़महल तक कैसे पहुंचते हैं? ताजमहल के चारों ओर क्या क्या हैं?

（4）ताजमहल किस चीज़ से बना है? उसके बारे में बताइये।

（5）मुमताजमहल और शाहजहां की कब्रें कहाँ है? उनके बारे में बताइये।

4. 选择回答：

（1）भारत का ताजमहल अपनी सुन्दरता के लिए सारे संसार में प्रसिद्ध है।
क. भारत अपनी सुन्दरता के लिये सारे संसार में प्रसिद्ध है।

ख. भारत का आगरा अपनी सुन्दरता के लिये सारे संसार में प्रसिद्ध है।

ग. आगरे का ताजमहल अपनी सुन्दरता के लिये सारे संसार में प्रसिद्ध है।

घ. सारा संसार अपनी सुन्दरता के लिये भारत में प्रसिद्ध है।

(2) शाहजहां ने उसकी याद में यह बनवाया था।

क. शाहजहां ने अपनी पत्नी की याद में यह बनवाया था।

ख. शाहजहां ने अपनी याद में यह बनवाया था।

ग. मुमताजमहल ने अपने पति की याद में यह बनवाया था।

घ. शाहजहां ने मुमताजमहल की याद में यह बनवाया था।

(3) सीढ़ियों से नीचे उतरकर मुमताजमहल और शाहजहां की कब्रें मिलती हैं।

क. मुमताजमहल की कब्र मिलती है।

ख. शाहजहां की कब्र मिलती है।

ग. मुमताजमहल और उसके पति की कब्रें मिलती हैं।

घ. शाहजहां और उसकी पत्नी की कब्रें मिलती हैं।

(4) ताजमहल के पीछे जमुना बहती है।

क. जमुना ताजमहल के पीछे बहती है।

ख. जमुना ताजमहल के आगे बहती है।

ग. जमुना ताजमहल के दक्षिण में बहती है।

घ. ताजमहल जमुना के आगे है।

5. 翻译下面的句子：

（1）颐和园是北京最美的景点之一。

（2）印度莫卧儿王朝皇帝沙杰汗为纪念妻子穆姆泰姬莫赫尔，建造了泰姬陵。

（3）泰姬陵全部是用纯白大理石建成的，高达 243 英尺（फुट）。

（4）泰姬陵太漂亮了，实在令人陶醉。

（5）他学习太用功了，以至于经常忘记吃饭。

（6）现在戈巴尔离开了母亲，只好自己动手洗衣服。

6. 翻译下面的句子：

（1）ताजमहल आगरा नगर के बाहर जमुना नदी के किनारे पर स्थित है।

（2）कहते हैं कि एक बार मुमताजमहल बीमार पड़ी। जब उस के जीवित रहने की आशा समाप्त हुई, तब उसने अपने पति शाहजहां से अपनी याद में एक मकबरा बनवाने के लिये कहा।

（3）सन् 1632 में शाहजहां ने ताजमहल बनवाना शुरू किया था।

（4）ताजमहल की सुन्दरता को देखने के लिये संसार के कोने-कोने से लोग आते हैं।

7. 改错：

（1）उसके लड़की का भाई कल आया था।

（2）लड़का ने पूछा： पिता जी , तुम कहाँ जा रहा है?

（3）यह घर के सब आदमियों बाहर गये।

（4）कोई छात्र का नाम मैं को मालूम नहीं है।

（5）आप आपकी किताब पढ़ते हो और मैं मेरी किताब पढ़ता हूं।

（6）कौन आदमी की टोपी मेरे मेज़ पर है?

（7）यह लड़का का घर कहाँ है?

（8）मैंने बोला कि मैं पानी नहीं पियेगा।

（9）वह दुकानदार ने मुझ को एक घड़ी दिया।

（10）वे आदमी रोटी खायीं।

8. 填空：

एक बार शशि(谢希)बहर______(घूमना,जाना)। रास्ते में________ (वह) ने एक हिरण देखा और उसका पीछा_______ (करना)। लेकिन________(वह) न पकड़ सका। बहुत समय के बाद वह वापस जाने का रास्ता________(भूलना)। अंत में वह एक झोंपड़ी के पास_____(पहुंचना)। उसमें एक बूढ़ा______(रहना)। जब बूढ़े ने शशि को देखा तो उसका स्वागत करने के लिये बाहर______ (आना)। हालांकि उसने कभी शशि को न देखा, फिर भी उसने उसे झोंपड़ी में ठहरने के लिये______ (बुलाना) और उसे सेब, नाशपाती और किशमिश ______ (देना)। शशि ये चीज़ें______ (खाना) रात भर आराम से________ (सोना)।

9. 将下列句子变为过去完成时：

(1) रमेश जी घर वापस गये। (अभी)

(2) मैंने उस पेड़ पर दस गिलहरियां देखी। (कल)

(3) उन लड़कियों ने कई गीत गाये। (पिछले हफ़्ते)

(4) राजा की सेना वहां से भाग गई। (दो साल पहल)

(5) अशोक ने एक सिनेमा देखा। (कल शाम को)

(6) मोहन अच्छी तरह नहीं सोया। (कल रात को)

10. 造句：

(1) की गणना

(2) की याद में

(3) तैयार करना

(4) कहते हैं कि

(5) मंत्रमुग्ध

(6) बनवाना

(7) मेहनत करना

(8) से लगना

(9) इतना... कि...

(10) परिश्रम करना

第六课　छठा पाठ

11. 用动词 पड़ना 改写下列句子：

राम कल देर तक रुका।

राम को कल देर तक रुकना पड़ा।

（1）सीता भी 8 बजे तक रुक सकती है।

（2）क्या आप घर का काम भी करते हैं?

（3）मैं मकान खरीदूंगा।

（4）हो सकता है कल भी तुम ही जाओ।

（5）शीला यह किताब पढ़ेगी।

12. 分析下列句子：

（1）भारत का ताजमहल अपनी सुन्दरता के लिए सारे संसार में प्रसिद्ध है।

（2）लाखों मजदूरों ने लगातार तीस साल तक मेहनत करके इसे तैयार किया था।

（3）सीढ़ियों से नीचे उतरकर मुमताजमहल और शाहजहां की कब्रें मिलती हैं।

（4）कब्रों के ऊपर के सफ़ेद पत्थर कला के जादू से फूलों के बाग से लगते हैं।

（5）चांदनी रात में ताज इतना सुन्दर लगता है कि दर्शक मंत्रमुग्ध रह जाता है।

13. 背诵全篇课文。

14. 阅读练习：

नौकरी के लिए प्रार्थना-पत्र

सेवा में---

　　महानिदेशक,

डाक एवं तार विभाग,

भारत सरकार

डाक-तार भवन, नई दिल्ली---110002

श्रीमान जी,

सादर निवेदन है कि मैंने कल तारीख 4-5-2010 के दैनिक "हिन्दुस्तान" में आपके कार्यालय के लिए एक लेखाकार के पद का विज्ञापन देखा। उक्त पद के लिए मेरी अहर्ताएँ निम्नांकित हैं---

（1）नाम --- नरेश मल्ला

（2）पिता का नाम --- श्री प्रदीप मल्ला

（3）पता --- 20/12 शक्तिनगर, दिल्ली---110007

（4）आयु --- 22 वर्ष

（5）योग्यता --- बी. कांम---प्रथम श्रेणी（दिल्ली विश्वविद्यालय）

（6）अनुभव --- डी.सी. एम. में तीन वर्ष से लेखा-कार्य कर रहा हूँ।

मैं एक परिश्रमी, ईमानदार, अनुशासित एवं स्वस्थ युवक हूँ। मेरा संपूर्ण रेकार्ड सदा प्रशंसानीय है। सभी प्रमाण-पत्रों की प्रतिलिपियां संलग्न हैं।

आशा है, सेवा करने का अवसर प्रदान करके अनुगृहीत करेंगे।

हार्दिक धन्यवाद।

विनीत,

नरेश मल्ला

दिनांक 4-10-2010   20\12 शक्तिनगर, दिल्ली

--- 110007

प्रार्थना-पत्र（阳）申请书   लेखाकार（阳）统计员，计算员
महानिदेशक（阳）总监   विज्ञापन（阳）广告
डाक एवं तार विभाग（阳）邮电部   उक्त（形）上述的

अर्हता（阴）资格，附带条件
निम्नांकित（形）下列的
बी. काम 商科学士
डी.सी.एम. 德里纺织厂
परिश्रमी（形）勤奋的
ईमानदार（形）诚实的
अनुशासित（形）守纪律的
संपूर्ण（形）全部的
रेकार्ड（阳）记录
प्रशंसानीय（形）值得称赞的
प्रतिलिपि（阴）复印件
प्रमाण-पत्र（阳）证书
संलग्न（形）附着的
अनुगृहीत（形）给予恩惠的，感谢的
दिनांक（阳）日期

व्यवसायिक पत्र
पुस्तक विक्रेता को

व्यवस्थापक,
पीताम्बर बुक डिपो
करौल बाग, नई दिल्ली---110005
प्रिय महोदय,

मुझे निजी पुस्तकालय के लिए निम्नलिखित पुस्तकों की आवश्यकता है: ---

पुस्तकों के नाम	लेखक
(1) गोदान	प्रेमचन्द
(2) भूखे भेड़िये	राधेश्याम झिंगन
(3) शुद्ध हिन्दी	जगदीश प्रसाद कौशिक
(4) शैक्षिक हिन्दी व्याकरण तथा रचना	कृष्णगोपाल रस्तोगी

कृपया इन पुस्तकों की एक-एक प्रति वी.पी.पी. से यथाशीघ्र भिजवा दें। यदि इन पुस्तकों पर उचित छूट दे सकें, तो विशेष अनुगृहीत हूँगा।

सधन्यवाद

भवदीय

रामानन्द सिंह

हिन्दी विभाग

J. N. U

दिनांक 19 जून, 2010

नई दिल्ली --- 100067

व्यावसायिक（形）商业的

विक्रेता（阳）卖主，商人

व्यवस्थापक（阳）负责人

पीताम्बर बुक डिपो 书店名

भेड़िया（阳）狼

वी.पी.पी. Valuable Payable Post 邮局代收货价包裹

यथाशीघ्र（副）尽快地

भिजवाना（及）使邮寄

छूट（阴）折扣

J.N.U.（JawaharlalNehru University）贾·尼赫鲁大学

第七课　सातवां पाठ

पाठ	एक घटना
बातचीत	समय
व्याकरण	1. 假设语气
	2. 助动词 चुकना
	3. होना 与不定式连用
	4. 复合动词 पढ़ना

पाठ

एक घटना

जाड़ों के दिन थे। उत्तर की ठंडी हवा शरीर को बींध रही थी। काम पर जाना था। सोचा, अगर हवा न चलती, तो कितना अच्छा होता। मगर जीविका का प्रश्न था। लाचार था। दफ़्तर तक पहुंच सकने के लिए बड़ी मुश्किल से रिक्शा मिला। रिक्शा चला। सड़क की धूल उड़ाने के बाद हवा कमज़ोर पड़ गयी। रिक्शेवाले ने चाल तेज़ कर दी। अचानक कोई आदमी रिक्शे से टकरा गया और धीरे से गिर पड़ा।

वह एक बुढ़िया थी। उसके बाल सफ़ेद हो चुके थे। वह फुटपाथ से उतरकर

अचानक सड़क पार करने लगी थी। रिक्शेवाले ने बचाने की बहुत कोशिश की, परन्तु बुढ़िया का फटा कोट रिक्शे में फंस गया। भाग्य अच्छा था, उसने झटपट गाड़ी रोक ली, नहीं तो बुढ़िया को ज़ोर का धक्का लगता और भारी चोट आ जाती।

वह गिर पड़ी और रिक्शावाला रुक गया। मेरा ख्याल था, बुढ़िया को अधिक चोट नहीं आई थी। वारदात का कोई गवाह भी नहीं था। मुझे लगा कि रिक्शावाला व्यर्थ में झंझट मोल ले रहा है। खुद तो भुगतेगा ही, मुझे भी उलझा रहा है।

"अरे, कुछ नहीं है। तुम चलो।" मैंने कहा।

उसने ध्यान नहीं दिया, शायद मेरी बात सुनी ही नहीं। उसने रिक्शा रोक दिया। बुढ़िया को बांह का सहारा देकर उठाया और पूछाः "चोट तो नहीं आयी?"

"हां, चोट लग गई है।"

मैंने खीझकर सोचा, यह बन रही है। अगर चोट लगी होती, तो ज़ोर से चिल्लाती। रिक्शावाला बेवकूफ़ है। वह जानबूझकर मुसीबत मोल ले रहा है।

मगर रिक्शावाला एक क्षण के लिए भी न रुका और उसे सहारा देकर अस्पताल की ओर ले गया।

सहसा मुझे एक अजीब सी सिहरन का अनुभव हुआ। रिक्शावाला मेरी नज़रों में महान बन गया और मैं स्वयं को छोटा समझने लगा।

 बातचीत

समय

मधु : शशि भाई, क्या बजा है?
शशि : सात बजकर चालीस मिनट हैं।
मधु : क्लास कब है?
शशि : आठ बजे।

मधु　:　तो क्या बीस मिनट में तुम क्लास में पहुँच जाओगे? देर तो नहीं होगी?

शशि :　नहीं, साइकिल से दस मिनट में पहुंच सकता हूँ।

मधु　:　तुम रोज़ कितने बजे उठते हो?

शशि :　लगभग साढ़े छै बजे।

मधुन :　क्या तुम उठकर कसरत करते हो?

शशि :　हां, मैं रोज़ सुबह दौड़ता हूँ।

मधु　:　बहुत अच्छा। हां, पर कितने बजे सोते हो?

शशि :　लगभग ग्यारह बजे।

मधु　:　ग्यारह बजे के पहले तुम क्या करते हो?

शशि :　कभी पाठ दोहराता हूँ, कभी होमवर्क करता हूँ। शनिवार की रात को सहपाठियों के साथ नाचता हूँ या फिल्म देखता हूँ।

मधु :　तुम अपने समय का सदुपयोग करते हो। मैं भी तुम्हारी तरह अपने समय का ठीक उपयोग करूँगी।

शब्दावली

(क)

घटना（阴）事件

जाड़ा（阳）冬天

उत्तर（阳）北方

ठंडा（形）冷的，凉的

शरीर（阳）身体

बींधना（及）刺，刺入

जीविका（阴）生计，生存

प्रश्न（阳）问题

लाचार（形）被迫的，毫无办法的

रिक्शा（阳）三轮车，人力车

सड़क（阴）街道，道路

धूल（阴）尘土

उड़ाना（及）刮起，使飞

कमज़ोर（形）弱的；缓慢的

चाल（阴）行走；速度

टकराना（不及）碰撞
स्त्री（阴）女人
चुकना（不及）完成
फुटपाथ（阳）人行道
फँसना（不及）陷入
भाग्य（阳）命运
झटपट（副）立刻，迅速
गाड़ी（阴）车
धक्का（阳）推，打击
को---लगना（不及）推撞
भारी（形）严重的，重的
चोट（阴）伤
को---आना（लगना）（不及）受伤
रोकना（及）使停，阻止
ख्याल（阳）思想，观念
वारदात（阴）事件
गवाह（阳）证明
व्यर्थ（形）徒劳的，无用的
---में（副）徒劳，白白地
झंझट（阴）麻烦
मोल लेना（及）购买，得到
भुगतना（及）遭受
उलझाना（及）缠绕
शायद（副）也许
बाँह（阴）臂膀
सहारा（阳）帮助，援助
---देना（及）帮助，援助
खीझना（不及）生气，心烦
बनना（不及）佯装，装作
बेवकूफ़（形）愚蠢的，无知的
जानबूझकर（副）故意的
मुसीबत（阴）困难，麻烦
क्षण（阳）刹那
सहसा（副）突然
अजीब（形）奇怪的
सिहरन（阴）发抖，颤抖
अनुभव（阳）体会

(ख)

बजना（不及）（钟）敲
सदुपयोग（阳）正确的使用

第七课 सातवां पाठ

✿ टिप्पणियाँ

1. **सड़क की धूल उड़ाने के बाद हवा कमज़ोर पड़ गयी।**

   句中 पड़ना 与 होना 的用法相近，但 पड़ना 在这里表示由于某种特殊情况，而出现了目前的局面。例如：

   चार दिन में इसका रंग काला पड़ जायेगा।

   几天之后，其颜色会变黑。

   उधर मैदान में मेहता की टीम कमज़ोर पड़ जाती थी, आधे से खिलाड़ी मर चुके थे।

   在比赛中梅达的一队人变得弱了，多半选手都被罚出了场。

2. **परन्तु बुढ़िया का फटा कोट रिक्शे में फँस गया।**

   फटा 是 फटना 的过去分词，在句中作定语。

3. **भाग्य अच्छा था उसने झटपट गाड़ी रोक ली। नहीं तो बुढ़िया को ज़ोर का धक्का लगता।**

   भाग्य अच्छा था 之后省略了引导词 कि，此句是复合句，कि 所引导的句子为主语从句。例如：

   भाग्य अच्छा है कि उसने अच्छी तरह तैयार किया, नहीं तो वह परीक्षा में पास नहीं हुआ।

   幸亏他准备得充分，否则会通不过考试。

4. **चोट तो नहीं आई?**

   हाँ, चोट लग गई है।

   第二句是现在完成时。现在完成时在动词过去时的后面加 हूं,

है, हो, हैं 而构成，表示过去发生的动作，对现在仍起着一定的作用。

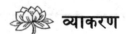

व्याकरण

1. 动词假设语气

动词假设语气表示句中的动作或状态是不现实的，说话人认为所提的条件、假设等与事实相反，或者是不能实现的。假设语气有四种形式——一般假设语气、经常时假设语气、进行时假设语气、过去时假设语气。本课介绍其中两种。

2. 一般假设语气

动词一般假设语气是动词词根加 ता (ते, ती, तीं)。

现以 आना 和 देखना 为例，列表如下：

动词	阳性		阴性	
	单数	复数	单数	复数
आना	आता	आते	आती	आतीं
देखना	देखता	देखते	देखती	देखतीं

例如：

अगर मुझे यह बात मालूम होती, तो मैं ज़रूर तुम्हें बताता।

如果我知道这件事，一定会告诉你的。

（事实上我根本不知道，也无从告诉。）

यदि कामरेड ली ज़ीवित होते, तो कितना अच्छा होता।

如果李同志还活着，那该多好啊！

（实际上李同志已经去世了。）

यदि मैं तुम्हारे स्थान पर होता, तत्काल चला जाता।

如果我是你的话，当时我就去。

（事实上我不是你，所以就没有去。）

यदि आप हवाई जहाज़ से आते, तो कल यहाँ पहुँचते।

如果您坐飞机来，昨天早就到这里了。

（实际上您没有坐飞机，所以昨天没有到达这里。）

इस कमरे में कोई होता, तो दरवाज़ा अवश्य खोलता।

要是房间里有人，是会开门的。

（实际上房间里没有人，所以没有人开门。）

3. 过去时假设语气

过去时假设语气的构成形式是动词过去时加 होता, होते, होती, होतीं，现以 आना 和 देखना 为例，列表如下：

动词	阳性		阴性	
	单数	复数	单数	复数
आना	आया होता	आये होते	आयी होती	आयी होतीं
देखना	देखा होता	देखे होते	देखी होती	देखी होतीं

例如：

अगर आनंद आया होता, तो आप का काम बन गया होता।

要是阿南德来了，您的事就成了。

（实际上阿南德没有来，所以事情也没有办成。）

अगर तुमने चोरी न की होती, तो जेल न गए होते।

如果你不偷窃，就不会进监狱。

（事实上因为偷窃，而被送进了监狱。）

4. 助动词 चुकना

助动词 चुकना 与动词词根连用，表示动作的完成。过去时、过去完成时，或现在完成时，चुकना 的用法与不及物动词相同。例如：

वह एक बुढ़िया थी, उसके बाल सफ़दे हो चुके थे।

她是一位老妪，头发已经全白了。

सीता, क्या तुम आज का अख़बार पढ़ चुकी हो?

悉达，你看过今天的报纸了吗？

मैं अपने दोस्त को पत्र लिख चुका।

我给朋友写了一封信。

पिछले पांच साल में वे तीन बार भारत जा चुके हैं।

在过去的五年中，他三次访问过印度。

हम "अंतिम महाराजा" फ़िल्म देख चुके हैं।

我们已经看过《末代皇帝》了。

5. 动词 होना 与不定式连用

动词 होना 与动词不定式连用，表示需要做某事，有"需要……""必须……"等意思。主语的后面须加后置词 को，带宾语的及物动词不定式，其性、数要与宾语一致。例如：

रमेश को अगले हफ़्ते बनारस जाना है।

罗梅希下周要去贝拿勒斯。

मुझे काम पर जाना था।

我需要去工作。

हमें कार्यक्रम बनाने से पहले कई बातें सोचनी होंगी।

在制定计划之前，我们必须考虑几个问题。

आप ही को जाना होगा।

您该走了。

श्याम की पढ़ाई में कठिनाइयाँ हैं, हमें उसकी मदद करना है।

夏姆在学习上有困难，我们需要帮助他。

6. 复合动词 पड़ना

动词 पड़ना 与不及物动词词根复合，构成复合动词，表示突然、不由自主的动作。例如：

अचानक कोई आदमी रिक्शे से टकरा गया और धीरे से गिर पड़ा।

突然有人与三轮车相撞，接着慢慢地倒了下去。

अतुल बच्चे को बचाने के लिये नदी में कूद पड़ा।

阿杜尔立即跳进河里去救孩子。

पड़ना 与一些不及物动词复合，其意义与复合动词 आना 相似。例如：

दूसरे दिन हम ताजमहल देखने चल पड़े।

第二天，我们就去参观泰姬陵。

राम अध्यापक से मिलने के लिये निकल पड़ा।

拉姆拜访老师去了。

अभ्यास

1. 语音练习：

（1） प फ ब भ म

बींधना काम मगर प्रश्न पहुंचना मुश्किल मिलना सब

धीमा आदमी पड़ना सफ़ेद फुटपाथ सामने बचाना फटना भाग्य झटपट भारी बुढ़िया भुगतना बेवकूफ़ जानबूझकर मुसीबत मोल अस्पताल अनुभव

(2) य प ल व

हवा शरीर मगर जीविका मुश्किल ज़ोर धूल रिक्शावाला टकराना स्त्री परन्तु भाग्य वारदात गवाह व्यर्थ उलझाना शायद रोकना रुकना सिहरन ख़्याल

(3) श ष स ह

हवा शरीर प्रश्न मुश्किल सब सड़क रिक्शा स्त्री बहुत रिक्शावाला सिर बाँह सहारा अस्पताल सहसा सिहरन क्षण फंसना

(4) उत्तर की ठंडी हवा, जीविका का प्रश्न, दफ़तर तक पहुंचना, चाल तेज़ करना, रिक्शे से टकराना, फ़ुटपाथ से उतरना, फटा कोट रिक्शे में फँसना, ज़ोर का धक्का लगना, गंभीर चोट लगना, रिक्शा रोकना, बांह का सहारा देना, जानबूझकर मुसीबत मोल लेना, सिहरन का अनुभव

2. 回答问题：

(1) रिक्शा चलने लगा, तो हवा धीमी हो गयी?

(2) रिकशे से कौन टकराकर गिर गया?

(3) क्या अचानक बुढ़िया सड़क पार करने लगी थी?

(4) क्या बुढ़िया का फटा कोट रिक्शे में फंस गया?

(5) कोट फंसने पर उस बुढ़िया को क्या हुआ?

(6) जब वह गिर पड़ी, तो रिक्शेवाले ने क्या किया?

(7) क्या रिक्शावाला व्यर्थ में झंझट मोल ले रहा था?

(8) किसने बुढ़िया को बांह का सहारा दिया?

(9) क्या बुढ़िया को सचमुच ज़ोर का धक्का लगा या वह बन रही थी?

(10) “एक घटना” पढ़कर आप अपना विचार बताइये।

3. 造句：

(1) तेज़ करना

(2) को चोट आना

(3) उलझाना

(4) झंझट मोल लेना

(5) बाँह का सहारा देना

(6) मुसीबत मोल लेना

(7) अनुभव होना

(8) बनना

(9) से टकराना

(10) की कोशिश करना

(11) मेरा ख़्याल है कि

(12) शायद ही नहीं

(13) खीझना

(14) मुझे लगा कि

(15) 不及物动词+पड़ना

(16) चुकना

4. 选择回答：

(1) रिक्शा चला, तो सड़क की धूल उड़ाने के बाद हवा कमज़ोर पड़ गयी।

क. जब रिक्शा चल रहा है तो हवा सड़क की धूल उड़ाने लगी।

ख. जब रिक्शा चलने लगा, तो हवा का ज़ोर ज़रा धीमा पड़ गया।

ग. जब रिक्शा चलने लगा, तो सड़क की धूल का ज़ोर ज़रा धीमा पड़ गया।

घ. जब हवा का ज़ोर तेज़ हो गया, तो रिक्शा चलने लगा।

(2) रिक्शेवाले ने झटपट गाड़ी रोक ली। नहीं तो बुढिया को ज़ोर का धक्का लगता और चोट जाती।

क. रिक्शेवाले ने झटपट गाड़ी नहीं रोक ली, बुढिया को ज़ोर का धक्का लगा और चोट आ जाती।

ख. अगर रिक्शावाला झटपट गाड़ी नहीं रोकता, तो बुढिया को ज़ोर का धक्का लगा और गंभीर चोट आती।

ग. रिक्शेवाले ने झटपट गाड़ी नहीं रोकी, बुढ़िया को ज़ोर का धक्का नहीं लगा और गंभीर चोट नहीं आई।

घ. रिक्शेवाले ने दूर से गाड़ी रोक ली, बुढ़िया को ज़ोर का धक्का लगा और वह गिर पड़ी।

（3）मुझे लगा कि रिक्शावाला व्यर्थ में झंझट मोल ले रहा है।

क. मैंने सोचा कि रिक्शावाला जानबूझकर झंझट मोल ले रहा है।

ख. रिक्शावाले को व्यर्थ में झंझट नहीं मोल लेना चाहिए।

ग. मेरा ख़्याल है कि रिक्शावाला झंझट मोल लेना चाहता है।

घ. मुझे लगा कि रिक्शावाले ने व्यर्थ में झंझट मोल लिया था।

5. 翻译下面的句子：

（1）此时此刻如果同学们都在这里，那该多好！

（2）如果今天不去打篮球，就不会受伤。

（3）今天要是不刮这么大的风，我们一定去长城。

（4）我如果不去扶他一把，他肯定会跌倒。

（5）昨天上午我正在街上走着，突然发现阿杜尔朝我走来。

（6）前天莫图在去图书馆的路上，撞到一辆汽车上，受了重伤。

（7）我认为你们不应该这样自找麻烦。

（8）那位工人做了很多好事，他的形象在我们面前显得十分高大。

（9）我们必须努力学习，掌握好各种必要的知识。

第七课　सातवां पाठ

6. 翻译下面的句子：

(1) अगर चीनी कम्युनिस्ट पार्टी न होती, तो नया चीन न होता।

(2) यदि मैं आपके स्थान पर होता ,तो अवश्य जाता।

(3) अगर तुम वहां उपस्थित होता ,तो तुम ऐसा न होने देते।

(4) यदि मैं बच्ची होती, तो मैं भी इन प्यारी बच्चियों के साथ खेलती।

(5) अगर आप ने मुझे कल बताया होता, तो कल ही मैंने यह पुस्तक दी होती।

(6) अगर उन्होंने उस लड़की को डूबने से न बचाया होता, तो उसका परिवार दुःख में डूबा होता।

(7) यदि इस समय पानी बरसता, तो अच्छा होता।

(8) अगर तुमने यह पाठ पढ़ा होता, तो तुम सही उत्तर दे देते।

7. 改错：

(1) अगर जाड़े का दिन होती, तो हम स्केटिंग करने जाते।

(2) यदि कल पानी बरसे, तो मैं शहर नहीं गया था।

(3) अगर कल रात को अशोक नहीं आया था, तो मैंने यह अभ्यास पूरा किया था।

(4) क्या आपने वह बात रमेश को बता चुके।

(5) बात कर कर चले जाएं।

(6) यदि आप नहीं आएंगे, तो वहां नहीं जाया।

(7) अगर आपने उन्हें पत्र लिखा, तो आप को यह मकान मिल जाएगा।

(8) यदि आप आ सकें, तो आप बड़ी कृपा होगी।

(9) वह खाना खा चुक के जाने लगा।

8. 完成下列句子：

(1) अगर तुम ठीक समय पर क्लास में आये होते,_____ ।

(2) यदि हम लोग जल्दी बस स्टाप पर आये होते,＿＿＿＿＿ ।

(3) अगर उसने प्रश्नों के ठीक जवाब लिखे होते,＿＿＿＿＿ ।

(4) यदि तुम आज स्कूल न जाते,＿＿＿＿＿ ।

(5) अगर तुम यहां ज़्यादा न रुकना चाहते,＿＿＿＿＿ ।

(6) यदि आप अपने लिये चीनी खरीदें,＿＿＿＿＿ ।

(7) अगर तुम लोग आज शाम को बाज़ार गये होते,＿＿＿＿＿ ।

(8) यदि इस समय अध्यापक आ गये होते,＿＿＿＿＿ ।

(9) अगर मौसा जी चाय पी चुके,＿＿＿＿＿ ।

9. 按照例句改写下列句子：

例：रमेश के करने से काम ठीक नहीं होगा।

अगर रमेश करेगा, तो काम बिगड़ जाएगा।

(1) तुम्हारे कहने से वह रुक जाएगा।

(2) गोपाल के लिखने से ही आपकी छोटी बहन यहां आएगी।

(3) आप कोशिश करने से ही परीक्षा में पास हो सकेंगे।

(4) आनंद जी के जाने से कुछ काम नहीं बनेगा।

(5) उस के प्रयत्न करने से ही काम पूरा होगा।

10. 填空：

क: भाई साहब, चिड़िया घर कैसे जाऊं?

ख: अगर तुम टैक्सी से＿＿＿ (जाना) तो सामने से टैक्सी＿＿＿ (लेना)। अगर बस से＿＿＿ (जाना) तो आगे बस स्टाप＿＿＿ (होना)। थोड़ी देर इंतज़ार＿＿＿＿ (करना), तो बस＿＿＿ (मिलना)।

ग: कौन से नम्बर की बस से＿＿＿ (जाना) ?

घ: कई बसें हैं। अगर चिड़ियाघर पर＿＿＿ (उतरना), तो 332 बस से＿＿＿

(जाना)। यदि मास्को भोजनालय के दक्षिण में___(उतरना),तो 111 बस से_____ (जाना)।

ङः अगर कोई बस न ___(मिलना),तो यहां से मिनी बस_____(मिलना)?

11. 用动词 होना 或 पड़ना 填空：

कः हमारे दफ़तर में बैठक होगी, इसलिए हो सकता है मुझे देर तक ______। (रुकना)

खः क्या आप को रोज़ ही इतनी देर तक अपनी पत्नी का इंतज़ार ______। (करना)

गः मेरी गाड़ी ख़राब हो गयी, इसलिये आज से मैं बस से दफ़तर ______। (जाना)

घः राम को चोट लगी, हम लोगों को उसकी मदद _____। (करना)

12. 分析下列句子：

(1) अगर हवा न चलती, तो कितना अच्छा होता।

(2) अचानक कोई आदमी रिक्शे से टकरा गया और धीरे से गिर पड़ा।

(3) रिक्शेवाले ने बचाने की बहुत कोशिश की, परन्तु बुढ़िया का फटा कोट रिक्शे में फँस गया।

(4) भाग्य अच्छा था उसने झटपट गाड़ी रोक ली। नहीं तो बुढ़िया को ज़ोर का धक्का लगता और भारी चोट आ जाती।

(5) वह गिर पड़ी और रिक्शावाला रुक गया।

(6) रिक्शवाला मेरी नज़रों में महान बन गया और मैं स्वयं को छोटा समझने लगा।

13. 背诵全篇课文。

14. 阅读练习：

लेना एक न देना दो

एक वन में एक मोर रहता था। उस वन के पास ही एक नदी बहती थी। उस नदी में एक कछुआ रहता था।

मोर जब नाचता था, तो कछुआ नदी से बाहर आकर नाच देखता था। नाच देखकर कछुआ बहुत खुश होता।

एक दिन कछुआ मोर के पास गया। जब मोर नाच चुका, तो कछुए ने उसे अपना मित्र बना लिया।

एक दिन वन में एक शिकारी आया। उसने जाल बिछाकर मोर को पकड़ लिया।

यह देखकर कछुए को बहुत दुःख हुआ।

कछुआ शिकारी के पास गया। वह बोला, "शिकारी। तुम जो माल लेना चाहो, ले लो। पर मेरे मित्र को छोड़ दो।"

शिकारी ने कहा, "अच्छा, मुझे नदी में से एक हीरा ला दो।"

कछुए ने कहा, "अभी लाता हूँ।"

इतना कहकर कछुए ने डुबकी लगाई। कुछ ही क्षणों में वह हीरा लेकर बाहर आ गया।"

शिकारी ने हीरा ले लिया और मोर को छोड़ दिया। कछुए ने कहा, "मित्र मोर, अब तुम इस वन को छोड़ दो।"

"अच्छा", कहकर मोर वहाँ से उड़ गया। वह किसी और वन में चला गया।

शिकारी जब घर पहुँचा, तो उसने सोचा, "यह मैंने भूल की। अगर मैं दो हीरे माँगता, तो मुझे दो हीरे मिल जाते।"

दूसरे दिन वह फिर वन में गया। कछुए से बोला, "तुमने एक ही हीरा दिया है। तुम मुझे एक हीरा और ला दो। नहीं तो मैं तुम्हारे मित्र मोर को पकड़कर ले

第七课　सातवां पाठ

जाऊँगा।

कछुए ने कहा, "अच्छा भाई। तुम मुझे वह पहले वाला हीरा दे दो। मैं उसी के साथ मिलाकर उसी की तरह दूसरा हीरा ढूढ़ लाऊँगा।

शिकारी ने वह हीरा कछुए को दे दिया।

हीरा लेकर कछुआ नदी में उतर गया। फिर वह शिकारी से कहने लगा, "लेना एक, न देना दो।"

शिकारी कछुए की चालाकी समझ गया। अब वह मोर को ढूढ़ने लगा। पर मोर कहीं न मिला।

शिकारी हाथ मलता वापस चला गया।

मोर（阳）孔雀　　　　　　हीरा（阳）宝石
कछुआ（阳）乌龟　　　　　मांगना（及）要，要求
लेना एक न देना दो　没有往来，　चालाकी（阴）狡猾
　　　　　　　　没有联系　　भूल（阴）错误
बिछाना（及）安放，铺开　　---करना（及）犯错误
डुबकी（阴）潜水　　　　　हाथ मलना（不及）后悔
---लगाना（及）潜水

第八课　आठवां पाठ

पाठ	अंगों की हड़ताल
बातचीत	मौसम
व्याकरण	1. 现在分词
	2. 后置词 में

 पाठ

अंगों की हड़ताल

एक बार शरीर के सब अंगों ने मिलकर एक सभा की। पैरोंने रोते हुए कहाः "हम इतनी दूर जाते हैं और पैसा कमाकर लाते हैं। लेकिन हम अन्न नहीं खा सकते, सब कुछ पेट खा लेता है। हमारे हिस्से में कुछ भी नहीं आता। अब हम काम नहीं करेंगे।"

हाथ चिल्लाते हुए बोलेः "यदि हम काम न करें, तो धन कैसे आएगा? अब हम भी अपना काम छोड़ते हैं।"

यह सुनकर आंसू बहाती हुई आंखोंने कहाः"यदि हम न देखें, तो पैर और हाथ क्या कर सकेंगे? किन्तु खेद की बात है कि हमारे हिस्से में कुछ भी नहीं आता।"

नाक और कानोंने भी दुखड़ा रोते हुए इस तरह की शिकायत की। सब इंद्रियोंने मिलकर फ़ैसला किया कि आज से वे हड़ताल करेंगे, कोई भी काम नहीं

करेंगे और पेट को कुछ न देंगे।

अगले दिन किसी भी इन्द्रियोंने काम नहीं किया। सभी थोड़ी थोड़ी शिथिल हो गईं। दूसरे दिन न पैर कहीं गए, न हाथोंने मुंह में अन्न डाला और न आंखोंने किसी चीज़ को देखा। वे सब अत्यन्त कमज़ोर हो गईं। तीसरे दिन शाम तक तो सभी इन्द्रियां इतनी निर्बल हो गयीं कि वे ज़रा भी हिल-डुल न सकती थीं।

यह बात देखकर मस्तिष्क ने उन सब को समझाते हुए कहाः"प्यारे भाई-बहनो, यदि यही स्थिति रही, तो हम सब मर जाएंगे। बेचारा पेट अपने पास कुछ नहीं रखता। वह अन्न में से शक्तिशाली तत्व निकालकर सभी इंद्रियों को दे देता है। यदि पेट अपने पास कुछ नहीं रखता, तो हम कुछ भी काम नहीं कर पाते। इसलिए हमें मिलकर काम करना चाहिए।"

यह हितकारी कथन सुनकर इन्द्रियोंने अपनी ज़िद छोड़ दी। आंखोंने देखना आरंभ किया, पैरोंने कदम बढ़ाए, हाथोंने हथोड़ा थामकर कार्य शुरू किया। बदले में मज़दूरी मिली। मज़दूरी से अनाज और दूसरे खाद्य-पदार्थ खरीदे। इस के बाद उन्होंने भोजन बनाया और खाया।

पेट और आंतोंने अन्न में से रस निकालकर रक्त बनाया। नाड़ियोंने रक्त को शरीर में पहुंचाया।

सभी इन्द्रियों में चेतना लौट आई। उन्होंने मुस्कराते हुए कहाः "हां, संसार के सभी काम मिलकर होते हैं।"

बातचीत

मौसम

रविः आज का मौसम बहुत ख़राब है।

मधुः जी हाँ, बाहर वर्षा हो रही है।

रविः कल रात भर रुक-रुक कर बारिश हो रही थी। अब मूसलाधार वर्षा होने लगी है।

मधु： आज तो मुझे शहर जाना है।

रवि： इतनी अधिक वर्षा में आप कैसे जाएँगी?

मधु： मैं छाता लेकर जाऊँगी।

रवि： बाहर तो तूफान सा है। हवा तेज चल रही है। इस में छाता क्या काम कर सकेगा? ऐसी क्या जल्दी है? कल चले जाना। आशा है कल मौसम अच्छा हो जाएगा।

मधु： अच्छा, कल ही सही। आज तो काफ़ी सर्दी है। मैं तो ठिठुर गयी हूँ।

रवि： जरा आराम से बैठिये। एक कप गरम चाय पीजिये, तो सर्दी भाग जाएगी।

मधु： आप का कहना बिल्कुल ठीक है। पर मुझे चाय पीना पसंद नहीं है। मुझे एक कप गरम काफ़ी दीजिये।

रवि： लीजिये गरम काफ़ी।

मधु： बहुत बहुत धन्यवाद।

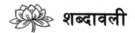

शब्दावली

（क）

अंग（阳）肢体；部分

हड़ताल（阴）罢工

---करना（及）罢工

सभा（阴）会议

---करना（及）开会

कमाना（及）挣得，获得，赚

अन्न（阳）粮食

पेट（阳）胃，腹

पहुँचाना（及）送到

हिस्सा（阳）部分

धन（阳）财富，钱

आँसू（阳）眼泪

बहाना（及）流淌

आँख（阴）眼睛

खेद（阳）遗憾，抱歉

नाक（阴）鼻子

कान（阳）耳朵

दुखड़ा（阳）不幸，痛苦

---रोना（不及）哭诉不幸的遭遇
शिकायत（阴）怨言，诉苦
---करना（及）抱怨，诉苦
इंद्रिय（阴）感觉器官
शिथिल（形）松散的；疲倦的
डालना（及）放入
निर्बल（形）没有力气的
हिलना-डुलना（不及）摇晃
मस्तिष्क（阳）头脑
स्थिति（阴）情况，形势
बेचारा（形）不幸的，可怜的
शक्तिशाली（形）有力的
रस（阳）汁；精华
हितकारी（形）有好处的
कथन（阳）话，言语

आरंभ（阳）开始
---करना（及）开始
कदम（阳）脚步，步子
बढ़ाना（及）向前，前进
हथौड़ा（阳）铁锤
थामना（及）握住，抓住
मज़दूरी（阴）工钱
अनाज（阳）粮食
खाद्य-पदार्थ（阳）食物
आंत（阴）肠
रक्त（阳）血，血液
नाड़ी（阴）脉，脉搏
चेतना（阴）知觉
प्राप्त（形）获得的
---करना（及）获得

（ख）

मौसम（阳）天气，季节
ख़राब（形）坏的，不好的
वर्षा（阴）雨
मूसलाधार（形）倾盆的
छाता（阳）伞

तूफ़ान（阳）风暴
सही（形）正确的
ठिठुरना（不及）冻僵
कप（阳）杯
गरम（形）热的

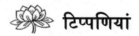 टिप्पणियां

1. प्यारे भाई-बहनो, यदि यही स्थिति रही तो हम सब मर जाएंगे।

भाई-बहनो 为称呼用语，这种形式是以辅音结尾的名词加 ओ 的符号构成的。

例如：

| कामरेड | कामरेडो | 同志们 |
| बहन | बहनो | 姐妹们 |

以元音结尾（除 इ 和 ई 外）加 ओ，如果是以 ऊ 结尾的，将 ऊ 变为 उ 加 ओ。例如：

| बहू | बहुओ | 儿媳们 |
| डाकू | डाकुओ | 强盗们 |

以元音 इ 结尾的加 यो，如果是以 ई 结尾的，将 ई 变为 इ 加 यो。例如：

| भाई | भाइयो | 兄弟们 |
| साथी | साथियो | 同伴们 |

 व्याकरण

1. 现在分词

现在分词表示的动作与谓语动词表示的动作同时发生，或在谓语动词表示的动作之前发生。

2. 现在分词的构成

现在分词是在动词词根的后面加 ता हुआ, ते हुए, ती हुई。

现以 आना 和 लिखना 为例，列表如下：

动词词根	阳性单数	阳性复数	阴性（单、复数）
आ	आता हुआ	आते हुए	आती हुई
लिख	लिखता हुआ	लिखते हुए	लिखती हुई

3. 现在分词的用法

现在分词在句中可以作定语、状语、表语、宾语补语，一般都有 आ-ए-ई 的变化。

（1）作定语：

वह पढ़ती हुई लड़की मेरी छोटी बहन है।

那位正在学习的姑娘是我的妹妹。

उड़ते हुए कबूतरों में सफ़ेद कबूतर रवि के हैं।

飞翔的鸽子中，白色的鸽子是拉维的。

（2）作状语：

राधा दौड़ती हुई आ रही है।

拉塔跑着来了。

रमेश अख़बार पढ़ता हुआ दही खा रहा है।

罗梅希边看报边吃酸奶。

现在分词作状语时，亦可不按 आ-ए-ई 的规律变化，而用阳性复数的形式。例如：

उसने हंसते हुए मुझे एक अच्छी ख़बर बतायी।

她笑着告诉了我一个好消息。

वह कपड़ा पहनते हुए बाहर आया।

他边穿衣服边走出来。

（3）作表语：

मुझे दूर से एक छात्रा आती दिखाई दी।

我看见远处有一个女学生走来。

उसे रवि पहाड़ से उतरता दिखाई दिया।

他看见拉维从山上下来。

（4）作宾语补语：

现在分词作宾语补语时，可以用阳性复数形式。例如：

कल मैंने सीता को क्लासरूम में पढ़ते हुए देखा था।

昨天我看见悉达正在教室里学习。

वह राम को सोते समझकर वापस चला गया।

他以为拉姆正在睡觉，所以就回去了。

4. 现在分词与动词 जाना，रहना 等组成复合动词

与 जाना 连用表示动作的连续，与 रहना 连用表示动作的持续。

例如：

वह मुझे समझाती जाती थी और मैं सुनता जाता था।

她一个劲地劝说着，我一直听着。

वे लगातार ग्यारह दिनों तक लड़ती रहीं।

他持续战斗了十一天。

5. 现在分词阳性复数简式与语气词 ही 连用，表示"一……就……"。例如：

मैं छात्रावास में आते ही अपनी माता जी को पत्र लिखने लगा।

我一回到宿舍就给母亲写信了。

वह यह बात सुनते ही प्रसन्न हो गया।

他一听说这件事就乐了。

6. 现在分词阳性复数简式与 समय 连用，表示"在……的时候"。
例如：

खाते समय मत बोलो।

吃饭的时候不要说话。

7. 后置词 में

后置词 में 是印地语常见的后置词之一，常见的用法有以下几种：

（1）表示地点：

क्या राधा कमरे में है?　　拉塔在屋里吗？

इसमें क्या है?　　这里面是什么？

（2）表示时间：

सन् 1966 में उसका जन्म हुआ।

他出生于1966年。

जनता की सेवा करने में बड़ा आनन्द होता है।

为人民服务时感到很快乐。

एक हफ़्ते में वह एक बार घर वापस जाती है।

她一个星期回家一次。

（3）表示范围：

वह श्रेष्ठ विद्यार्थियों में से एक है।

他是优秀学生之一。

पुत्र और पुत्री में कोई अन्तर नहीं है।

儿子和女儿都一样。

（4）表示原因：

मधु अक्सर छोटी सी बात में अप्रसन्न होती है।

莫图经常为一点小事生气。

वह एडस् में मर गया।

他死于艾滋病。

（5）表示价格：

मैंने दस रुपये में यह चिड़िया खरीदी।

我用十个卢比买下了这只鸟。

यह लाल कपड़ा कितने में बेचता है?

这件红衣服卖多少钱?

（6）表示动作方式：

राधा बड़ी मीठी आवाज़ में बोलती है।

拉塔说起话来很甜。

आज का दिन आपके यहाँ बड़े सुख में कटा।

今天在您这里过得非常愉快。

（7）表示目的：

शाहजहां ने अपनी पत्नी की याद में ताजमहल बनवाया।

沙杰汗为纪念妻子修建了泰姬陵。

वह स्त्री अपने बच्चे की तलाश में यहाँ आयी।

那个女人找自己的孩子来了。

（8）某些形容词所要求：

अतुल पढ़ने-लिखने में तेज़ है। 阿杜尔学习很聪明。

वह अध्ययन-कार्य में व्यस्त है। 他忙于研究工作。

第八课 आठवां पाठ

（9）某些动词所要求：

मैं आपकी बातों में विश्वास करता हूँ।

我相信您说的话。

वह इस बात में शक करती है।

她怀疑这件事。

आप लोग पढ़ाई में मेरी मदद करें।

请你们在学习上帮助我。

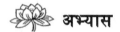 अभ्यास

1. 语音练习：

अ --- अंग   अन्न   अनाज

आ --- आँसू   आँख   आरंभ   आंत

क --- कमाना   नाक   कान   शिकायत   कमज़ोर   मस्तिष्क
       शक्तिशाली   हितकारी   कथन   कदम   रक्त   कप

र --- रोना   इन्द्रिय   कमज़ोर   बेचारा   रस   हितकारी
       मज़दूरी   खाद्य-पदार्थ   रक्त   प्राप्त   ठिठुरना

ल --- हड़ताल   फ़ैसला   शिथिल   निर्बल   हिलना-डुलना
       शक्तिशाली   मूसलाधार

ह --- हड़ताल   पहुंचाना   हिस्सा   बहाना   मुँह   हिलना
       हितकारी   हथौड़ा   सही

词组：

रोते हुए,   इतनी दूर,   सब कुछ,   हमारे हिस्से में,   खेद की बात है कि,
दुखड़ा रोते हुए,   इस तरह की शिकायत,   किसी भी इन्द्रिय,   अत्यन्त
कमज़ोर,   शाम तक,   ज़रा भी,   शक्तिशाली रस,   हितकारी कथन,   कदम

बढ़ाना

2. 回答问题：

（1）किन्होंने सभा की?

（2）सभा में सबसे पहले पैरों ने क्या कहा?

（3）हाथ चिल्लाते हुए क्या बोले?

（4）पैरों और हाथों की बात सुनकर आँसू बहाती हुई आँखोंने क्या कहा?

（5）अंत में सब इन्द्रियोंने मिलकर क्या फैसला किया?

（6）जब सब इन्द्रियोंने हड़ताल की, तो क्या हुआ?

（7）मस्तिष्क ने इन्द्रियों को क्या समझाया?

（8）इन्द्रियोंने क्यों अपनी ज़िद छोड़ दी?

（9）मस्तिष्क के हितकारी कथन सुनकर सब इन्द्रियोंने क्या किया?

3. 造句：

（1）सभा करना

（2）खेद की बात है कि

（3）शिकायत करना

（4）हिलना-डुलना

（5）आरंभ करना

（6）निर्बल होना

（7）कमज़ोर होना

（8）बहाना

（9）पैसा कमाना

（10）दुखड़ा रोना

（11）फ़ैसला करना

（12）कदम बढ़ाना

（13）प्राप्त करना

（14）शिथिल होना

（15）हड़ताल होना

4. 翻译下面的句子：

（1）阿南德经常吃饭时看报纸。

（2）那个正在哭的孩子是罗梅希的儿子。

（3）她听着录音睡着了。

（4）刚才我还看见悉达在这里玩耍。

（5）同学们说，你边听老师讲边吃东西，这是真的吗？

（6）她哭着走来，笑着离去。

（7）我看见德巴斯先生来了。

（8）孩子好几天没有吃东西了，现在显得很虚弱。

5. 翻译下面的句子：

（1）मैं इसके बारे में उसे समझाते हुए थक गया（疲倦）।

（2）हमने चोर（小偷）को भागते देखा।

（3）वे बढ़ती हुई महंगाई（物价）से चिंतित हैं।

（4）राम ने सीता को कल काम करते हुए देखा था।

（5）मुझे दफ़्तर जाते हुए किसने देखा?

（6）उसने रोते हुए राम को यह बात बताई।

（7）चलती हुई बस पर मत चढ़ो।

（8）स्केटिंग करते हुए विद्यार्थी हिन्दी विभाग के हैं।

（9）उसको जाता देखकर मैंने उसे बुलाया।

（10）सेना आगे बढ़ती जाती है।

（11）चलते समय उसने मुझ से कुछ भी नहीं कहा।

（12）दरवाज़ा खुलते ही मैं अन्दर आया।

（13）राम पुस्तक पाते ही प्रसन्न हो गया।

6. 选择填空：

（1）वह रात_____पढ़ता रहा।（में, भर, को）

（2）रात_____आठ बजे सभा होगी।（में, को, भर）

（3）चिड़िया पेड़_____बैठ गया।（में, पर, से）

（4）वह सड़क_____चलते-चलते मधु_____मिला।（में, पर, से）

（5）आज तुम कितनी देर_____आयीं?（से, में, पर）

（6）वह कुर्सी_____बैठने लगा।（में, पर, को）

（7）हम नवम्बर_____पढ़ना शुरू करेंगे।（में, को, से）

7. 用括号里动词的现在分词填空：

（1）लड़के गाना_____आगे बढ़ रहे हैं।（गाना）

（2）वह अक्सर चाय_____अख़बार पढ़ता है।（पीना）

（3）_____समय ऊंची आवाज़ से बातें नहीं करनी चाहिए।（पढ़ना）

（4）_____रेलगाड़ी पर चढ़ना नहीं चाहिए।（चलना）

8. 改错：

（1）तुम तुम्हारे घर चले जाओ।

（2）उन्हों से बात करने लगे।

（3）तुम्हारे से कोई काम नहीं हो सकता।

（4）मैं और मेरे मित्रों का इस बाज़ार में जाना हुआ।

（5）इस समय मैं चाय या बिस्कुट नहीं खा सकूंगा।

（6）उसने कहा तुम क्या कर रहे हैं।

（7）गोवर ने भाषण बोला।

（8）मैं गुप्ता जी की धन्यवाद करता हूँ।

（9）जब वे लोग बेइजिंग गये तो अपना सारा परिवार साथ लेते आये।

第八课　आठवां पाठ

9. 完成下列句子：

　　（1）अगर कामरेड ली ने दिन-रात मेहनत की,＿＿＿।

　　（2）अगर वे (ठीक) समय से आ गये,＿＿＿＿।

　　（3）अगर राधा कल भी देर से उठी,＿＿＿＿।

　　（4）अगर आप दो घंटे पहले आ जाएं,＿＿＿＿।

　　（5）अगर प्रकाश जी ज्यादा सिग्रेट न पिएं,＿＿＿＿।

　　（6）अगर आप भी यह काम न कर सकेंगी,＿＿＿＿।

　　（7）अगर सब परीक्षा देने को तैयार हैं,＿＿＿＿।

　　（8）अगर वह लड़की आज भी न आए,＿＿＿＿।

10. 分析下列句子：

　　（1）यदि हम काम न करें, तो धन कैसे आएगा?

　　（2）किन्तु खेद की बात है कि हमारे हिस्से में कुछ भी नहीं आता।

　　（3）नाक और कानों ने दुखड़ा रोते हुए इस तरह की शिकायत की।

　　（4）यह बात देखकर मस्तिष्क ने उन सब को समझाते हुए कहा।

　　（5）पैर और आंतों ने अन्न में से रस निकालकर रक्त बनाया।

11. 背诵全篇课文。

12. 阅读练习：

　　　　　　　　उसे पीने की लत पड़ गयी

श्याम： पापा, तमाशेवाला आया है। पांच पैसे दीजिये।

सुन्दर： **(कुर्सी से उठते हुए और अख़बार नीचे रखकर कोट की जेब में टटोलते हुए)** क्यों देखते हो रोज़-रोज़ तमाशा? बेकार पैसा बरबाद करते हो। **(पैसे देते हुए)** सुनो, राम को यहाँ भेजते जाना।

राम : (**अन्दर आते हुए**) सुन्दर साहब, इस समय क्या काम आ पड़ा?

सुन्दर: आप को तकलीफ़ आने दी। आराम कर रहे थे?

राम : नहीं, कोई तकलीफ़ नहीं। मैं तो दिन भर पढ़ते-पढ़ते ऊब जाता था। गर्मी के दिन में पढ़ते रहने और रेडियो सुनने के अलावा और क्या कर सकता हूँ? मैं भी आपके पास आने को सोच रहा था।

सुन्दर: कल की ख़बर मालूम है आप को? मोहन है न, वह निलंबित हो गया है। बात यह हुई है कि लोगों ने उसे कल दफ़्तर की चीजें चुराते पकड़ा। पहले भी लोगों ने उसे छोटी-मोटी चीजें ले जाते देखा था।

राम : ऐसा गंदा काम करते उसे शर्म नहीं आती?

सुन्दर: शर्म आए तो काम कैसे चले? उसे पीने की लत पड़ गई। वह दिन भर अकेला ही पीता रहता है। पीने का खर्चा कहाँ से निकालेगा?

राम : आपके मैनेजर बड़े कड़े आदमी हैं। उनके रहते ऐसी बात कैसे होती थी?

सुन्दर: वे जानते तो थे, लेकिन रहम करते थे। एक बार तो किसी ऐसे ही मामले पर वे बहुत नाराज़ हो गये थे और उसकी नौकरी जाते जाते बची।

राम : ख़ैर उसकी किस्मत ही ख़राब है, नहीं तो चोरी का विचार कैसे आता? हमें तो दफ़्तर से एक काग़ज़ लाते डर लगता है कि कोई टोक न दे। अच्छा मैं चलूं?

सुन्दर: अच्छा नमस्ते।

लत（阴）恶习
को---पड़ना（不及）染上……恶习
तमाशा（阳）把戏，游戏
कोट（阳）外衣，上衣
जेब（阴）衣服口袋
टटोलना（及）摸索，触动

बेकार（副）白白地
बरबाद（形）浪费了的
---करना（及）浪费
तकलीफ़（阴）麻烦
---देना（及）使……为难
ऊबना（不及）厌倦，烦恼

第八课　आठवां पाठ

निलंबित（形）被开除的
चुराना（及）偷窃
गंदा（形）肮脏的，令人厌恶的
शर्म（阴）羞耻，惭愧
---आना（不及）羞耻，惭愧
खर्चा（阳）费用，开支
कड़ा（形）严格的，严厉的

रहम（阳）同情，仁慈
पर---करना（及）同情，仁慈
नाराज़（形）生气的
नौकरी（阴）工作，职位
किस्मत（阴）命运
चोरी（阴）偷
टोकना（及）阻止，打断

第九课　नौवां पाठ

पाठ	पृथ्वी का इतिहास
बातचीत	रात्रि-समारोह
व्याकरण	1. 现在完成时
	2. 后置词 से

पाठ

पृथ्वी का इतिहास

हमारी पृथ्वी बहुत पुरानी है। वैज्ञानिकों का विचार है कि पृथ्वी 4 अरब वर्ष से अधिक पुरानी है। इतने लंबे समय में पृथ्वी बहुत परिवर्तित हुई है।

उदाहरण के लिये, भूमि और उसके सागर काफ़ी बदले हैं। उसके कुछ भाग पहले सूखे थे, अब पानी से ढके हैं। और कुछ भाग पहले पानी से भरे थे, अब सूख गए हैं।

पृथ्वी की जलवायु भी कई बार बदली है। ऐसा युग रहा था जब पृथ्वी का अधिकांश भाग बर्फ़ से ढका था। फिर ऐसा युग आया जब पृथ्वी पर भयानक गर्मी थी। इसी प्रकार पृथ्वी पर कभी बरसात का युग आता था, तो कभी सूखे का लंबा युग। आजकल के रेगिस्तान पहले कभी बड़े घने जंगल थे।

第九课　नौवां पाठ

पहाड़ भी कई बार बदले हैं। नए पहाड़ बने हैं, पुराने पहाड़ मिटे हैं। आजकल के कुछ पहाड़ पहले ज्वालामुखी थे।

वैज्ञानिकोंने प्राचीन काल की जीवित वस्तुओं के अवशेषों का अध्ययन किया है। इससे हमें जीवित वस्तुओं का विकास मालूम हो जाता है।

आरंभ में बहुत लंबे अरसे तक पृथ्वी पर कोई जीव नहीं था। इसके बाद जीव पैदा हुआ। लेकिन उस समय के जीव बिना रीढ़ की हड्डी के होते थे। रीढ़दार जीवों में सब से पहले मछलियां उत्पन्न हुईं। इस के बाद पक्षियों और स्तनपायी जीवों का जन्म हुआ।

आज हम मानव युग में रहते हैं। मनुष्य भी एक तरह का स्तनपायी जीव है। लेकिन दूसरे स्तनपायी जीवों की अपेक्षा मनुष्य ने पृथ्वी के इतिहास में बिल्कुल दूसरी भूमिका अदा की है। उसने अपनी आवश्यकताओं के अनुसार पृथ्वी को काफ़ी बदला है। उसने नदियों पर बांध का निर्माण करके जलाशय बनाये हैं। उसने नदियों के रास्ते बदले हैं। नहरें बनाई हैं और दलदलों को सूखी मिट्टी से भरा है। उसने समुद्र में दीवारें खड़ी करके भूमि प्राप्त की है। उसने पहाड़ों में छेद करके सुरंगें बनाई हैं। इस तरह मनुष्य ने पृथ्वी को बहुत परिवर्तित किया है।

बातचीत

रात्रि-समारोह

गौड़ः आज रात को हमारे यहाँ एक रात्रि-समारोह होगा। आप भी हमारे साथ आयें।

मधुः कौन सा रात्रि-समारोह? सभा में लोग नाचने-गाने का कोई कार्यक्रम प्रस्तुत करेंगे?

गौड़ः सब सहपाठी कार्यक्रम प्रस्तुत करेंगे। और हाँ, सब कार्यक्रम हिन्दी में होंगे।

मधुः तब तो मैं नहीं जाऊँगी। मैं हिन्दी नहीं जानती। वहाँ जाकर क्या मज़ा आयेगा?

गौड़ः इस विषय में आप बिल्कुल चिन्ता न करें। मैं आपका दुभाषिया बनूँगा।
मधु : तब तो ठीक है। हाँ गौड़ जी, आप हमें क्या दिखाएँगे?
गौड़ः मैं दो-एक हिन्दी फ़िल्मों के गाने सुनाऊँगा।
मधु : बड़ी अच्छी बात है। मुझे तो हिन्दी गीत बहुत पसंद है। अच्छा अब चलें।

शब्दावली

(क)

वैज्ञानिक（阳）科学家
विचार（阳）思想，想法
अरब（数）十亿
परिवर्तित（形）变化了的
---होना（不及）变化
---करना（及）改变
उदाहरण（阳）例子，例证
सागर（阳）海，海洋
भाग（阳）部分
सूखा（形）干涸的，干的
ढकना（不及）被掩盖
जलवायु（阴）气候
युग（阳）时代
अधिकाँश（形）多半的，大多数的
बर्फ़（阴）冰；雪
भयानक（形）可怕的
प्रकार（阳）种类

बरसात（阴）雨季
रेगिस्तान（阳）沙漠
घना（形）密的
मिटना（不及）消失
ज्वालामुखी（阴）火山
प्राचीन（形）古代的
वस्तु（阴）东西
गर्मी（阴）热；炎热
अवशेष（阳）残余；遗迹
अध्ययन（阳）学习；研究
का---करना（及）学习；研究
विकास（阳）发展
अरसा（阳）时期
पैदा（形）生产的；产生的
के बिना（后）没有，无
रीढ़（阴）脊椎
हड्डी（阴）骨头

रीढ़दार（形）有脊椎的
पक्षी（阳）鸟
स्तनपायी（形）哺乳的
मानव（阳）人类
की अपेक्षा（后）和……比较
भूमिका（阴）作用
अदा（形）扮演了的；履行了的
---करना（及）扮演；履行
आवश्यकता（阴）需求；需要
बांध（阳）堤坝
निर्माण（阳）建设，建造
जलाशय（阳）水库
रास्ता（阳）道路
दलदल（阴）沼泽
सुरंग（阴）隧道
मिट्टी（阴）土

（ख）

प्रस्तुत（形）准备好的
---करना（及）准备
के विषय में（及）关于
दुभाषिया（阳）口译人员

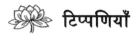

टिप्पणियाँ

1. उदाहरण के लिये, भूमि और उसके सागर काफ़ी बदले हैं।

उदाहरण के लिये 意思为“例如”“举例来说”。例如：

उसने हमारे क्लास के लिये बहुत अच्छे काम किये हैं। उदाहरण के लिये कमरे की सफ़ाई करती और उबला पानी लाती है।

她为我们班做了许多好事，例如打扫房间、打开水。

2. उस समय के जीव बिना रीढ़ की हड्डी के होते थे।

के बिना 为后置词，बिना 的位置比较灵活。例如：

पैसे के बिना मैं यह कोट नहीं खरीद सकता।

我没有钱，买不起这件上衣。

बिना ज्ञान के देश का निर्माण कैसे कर सकता?

没有知识怎么能建设国家呢？

3. **लेकिन दूसरे स्तनपायी जीवों की अपेक्षा मनुष्य ने पृथ्वी के इतिहास में बिल्कुल दूसरी भूमिका अदा की है।**

后置词 की अपेक्षा，意思为"比……""比较……"。例如：

यह पुस्तक उस पुस्तक की अपेक्षा कम अच्छी है।

这本书不如那本书。

पढ़ाई में वह मेरी अपक्षा तेज़ है।

在学习方面他比我聪明。

 व्याकरण

1. 现在完成时

现在完成时表示动作发生在过去，但与现在情况有关系，即用一个发生在过去的动作来说明现在的情况。

2. 现在完成时的构成

动词现在完成时的形式，是在动词过去时（如为阴性复数，动词去鼻音）后加上 हूँ, है, हैं, हो。

（1）不及物动词的性、数与主语一致。现以 आना 为例，列表如下：

第九课 नौवां पाठ

代词	阳性	阴性
मैं	आया हूँ	आयी हूँ
तू, वह, यह	आया है	आयी है
हम, आप, वे, ये	आये हैं	आयी हैं
तुम	आये हो	आयी हो

मैं अभी अभी बम्बई से आयी हूँ।

我是刚从孟买来的。

दूसरे सहपाठी अभी बाहर गये हैं।

别的同学都刚出去了。

अब तुम विद्यार्थी नहीं रह गये हो।

你现在不再是学生了。

हम अभी यहाँ पहुँचे हैं।

我们刚到这里。

（2）及物动词的性、数与宾语一致，主语后加 ने，宾语带 को 时，用阳性单数形式。现以 पढ़ना 为例，列表如下：

代词	阳性		阴性	
	单数	复数	单数	复数
मैंने, तूने, उसने, इसने, हमने, उन्होंने, इन्होंने, तुमने, आपने	पढ़ा है	पढ़े हैं	पढ़ी है	पढ़ी हैं

हमने यह बात उसको बतायी है।

我们已经把这件事告诉他了。

मैंने "अंतिम रास्ता" को देखा है।

我已经看过电影《最后的道路》。

3. 后置词 से

后置词 से 的用法较为广泛，在句子中有各种不同的意义。主要用法有以下几种：

（1）表示原因：

मैं अपने एक महत्वपूर्ण काम से वहाँ जा रहा हूँ।

我有一件重要的事要到那里去。

आप लोगों की बातचीत से मेरी नींद टूट गयी।

我被你们的谈话声吵醒了。

（2）表示比较：

मैं तुम्हारे चरित्र को तुम्हारी बुद्धि से बढ़कर समझता हूं।

我认为你的品行比你的学问更好。

ये चित्र एक से एक सुन्दर हैं।

这些画一张比一张漂亮。

हमें ज्यादा से ज्यादा और अच्छे से अच्छा काम करना चाहिये।

我们应该把工作做得又多又好。

（3）表示时间的持续：

वह तीन दिन से बीमार है।

他病了三天啦。

शीला आज सुबह से यहाँ बैठी है।

希拉从早晨一直就坐在这里。

（4）表示工具：

रमेश हर रोज़ साइकिल से स्कूल जाता है।

罗梅希每天骑自行车去学校。

राधा क़लम से पत्र लिख रही है।

拉塔正在用钢笔写信。

第九课　नौवां पाठ

（5）表示动作方式，一般与抽象名词连用：

मैं एक कहानी सुनाऊँगी, तुम लोग ध्यान से सुनो।

我讲一个故事，你们注意听。

अर्चना से पूछो कि आज वह क्यों देर से आयी।

问一问阿尔吉娜，今天她为什么迟到了。

（6）某些及物动词宾语的标志：

अभी तुमने उससे क्या कहा?

刚才你对他说了些什么？

इस विषय के बारे में सुमिता से पूछो।

关于这件事，请你去问苏米达。

（7）某些不及物动词所要求：

मैं बाघ से न डरता, लेकिन सांप से डरता हूँ।

我不害怕老虎，但是却惧怕蛇。

आप से मिलकर हमें बड़ी खुशी हुई।

见到您我们非常高兴。

（8）某些形容词所要求：

क्या आप मेरे विचार से सहमत हैं?

您同意我的看法吗？

बच्चे से नाराज़ मत होओ।

请不要生孩子的气。

（9）某些名词所要求：

आप से अनुरोध है कि हमारी सहायता करें।

请您帮我们一把吧。

रवि की सुमिता से शादी हुई।

拉维和苏米达结婚了。

137

（10）在习惯用法中，后置词 से 常省略：

मुक्ति के पहले मेरे दादा और दादी भूखों (से) मर गये थे।

解放前我爷爷和奶奶都被饿死了。

हमने सब कुछ आँखों (से) देखा।

我们都目睹了这一切。

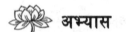 अभ्यास

1. 语音练习：

व --- अरब बदलना बरसात बांध

र --- विचार अरब उदाहरण सागर बरसात अरसा रीढ़ रीढ़दार सुरंग

ल --- बदलना जलवायु जलाशय दलदल

स --- सागर सूखा बरसात विकास सुरंग अरसा

复合辅音

वैज्ञानिक बर्फ़ प्रकार रेगिस्तान पर्वत अध्ययन प्राचीन वस्तु हड्डी उत्पन्न स्तनपायी पक्षी अपेक्षा रास्ता मिट्टी

词组

वैज्ञानिकों का विचार है, इतने लंबे इतिहास में, उदाहरण के लिये, पृथ्वी की जलवायु, भयानक गर्मी, इसी प्रकार, बड़े घने जंगल, जीवित वस्तुओं के चिह्न, बहुत लंबे अरसे तक, रीढ़ की हड्डी, रीढ़दार जीव, स्तनपायी जीवों की अपेक्षा, भूमिका अदा करना

句子

（1）उसके कुछ भाग पहले सूखे थे, अब पानी से ढके हैं।

（2）कुछ भाग पहले पानी से भरे थे, अब सूख गए हैं।

（3）ऐसा युग भी रहा है जब पृथ्वी का ज्यादा बड़ा भाग बर्फ़ से ढका था।

（4）मनुष्य भी एक तरह का स्तनपायी जीव है।

（5）उसने अपनी आवश्यकताओं के अनुसार पृथ्वी को काफ़ी बदला है।

（6）उसने नहरें बनाई हैं और दलदलों को सूखी मिट्टी से भरा है।

（7）उसने पहाड़ों में छेद करके सुरंगें बनाई हैं।

2. 回答问题：

（1）पृथ्वी के इतिहास के बारे में वैज्ञानिकों के क्या विचार हैं?

（2）पृथ्वी के कुछ भाग पहले सूखे थे, अब कैसे हैं?

（3）क्या पृथ्वी की जलवायु कई बार बदली है?

（4）पहले घने जंगल थे वे अब क्या हैं?

（5）क्या पहाड़ कई बार बदले हैं?

（6）लोग यह क्यों कहते हैं कि दूसरे स्तनपायी जीवों की अपेक्षा मनुष्य ने पृथ्वी के इतिहास में महत्वपूर्ण भूमिका अदा की है?

3. 翻译下面的句子：

（1）我们已经完成了这项工作。

（2）阿杜尔的哥哥刚从印度的贝拿勒斯来。

（3）他已经就这个问题发表了许多篇论文（शोध-प्रबंध）。

（4）学生们已经准备好了节目。

（5）这个故事我们已经听了好多遍了。

（6）她是来向你道歉的。

（7）—"拉塔回来了没有？"

　　　—"还没有。她正在办公室和苏米达老师谈话。"

（8）—"好几年没有见，这几年您在哪里工作？"

—“我一直在乡下中学教英语。”

（9）—“你去过印度首都新德里了吗？”

—“四个月前去过，那真是一座漂亮的城市。”

（10）现在我们正在学习，以便将来为人类作出贡献。

（11）近来气候变化很大，你要注意身体。

（12）人类为了生存做了许多工作。

4. 翻译下面的句子：

（1）मैं पहले ही नाश्ता कर चुका हूँ।

（2）वे लोग कई बार भारतीय चाय पी चुके हैं।

（3）हमने तीन बार चिड़िया-घर देखा है।

（4）क्या आपने मधु की चिट्ठी पढ़ी है?

（5）उसने मुझे यह किताब दी है।

（6）राम ने लड़के को अन्दर बुलाया है।

（7）गोपाल ने रेडियो को नीचे रख दिया है।

（8）विद्यार्थियों ने प्रेमचन्द की कहानियाँ पढ़ी हैं।

（9）मेरे भाई ने मोहन का मकान खरीद लिया है।

（10）रवि ने गिलास में पानी भर दिया है।

（11）मैं आज खूब सोया हूँ, इसलिए इस समय मैं सोना नहीं चाहता।

（12）उन्होंने मुझे यह बात बता दी है।

（13）वे लोग खाने के लिये बैठ गये हैं।

（14）मैंने पाठ लिख लिया है।

（15）कुल कितनी किताबें लाए हो?

第九课　नौवां पाठ

5. 选择回答：

（1）वैज्ञानिकों का विचार है कि----

क. पृथ्वी 4 अरब वर्ष पुरानी है।

ख. पृथ्वी 4000 लाख साल की हो गयी है।

ग. पृथ्वी 400 करोड़ वर्ष की है।

घ. पृथ्वी 4 अरब साल से अधिक पुरानी है।

（2）पृथ्वी की जलवायु कई बार बदली है, क्योंकि----

क. कभी पृथ्वी बर्फ़ से ढकी थी।

ख. कभी पृथ्वी पर भयानक गर्मी थी।

ग. पृथ्वी पर कभी बरसात और कभी सूखा था।

घ. कभी पृथ्वी का बड़ा भाग बर्फ़ से ढका था और उसपर कभी बरसात, कभी सूखा और कभी भयानक गर्मी थे।

6. 完成下列句子：

（1）हम दोनों ने नई दिल्ली_____। (देखना)

（2）दिनेश ने बी. ए. पास_____। (करना)

（3）मैंने यह अभ्यास पूरा_____। (करना)

（4）सीता अध्यापिका_____। (बनना)

（5）गोपाल और शीला अभी अभी_____। (आना)

（6）उसकी माता बीमार_____। (होना)

（7）देखो, सेब पेड़ से_____। (गिरना)

（8）रवि क्लासरूम में_____। (बैठना)

（9）विद्यार्थियों ने अपनी कापियाँ अध्यापक को_____। (देना)

7. 改错：

（1）उसने यह बात सुनकर घबराया।

（2）हमने आज का समाचार नहीं सुन ली।

（3）वे लोग अभी खाना नहीं खा चुका।

（4）शर्मा ने अपने पिता जी को पैसे भेज चुके हैं।

（5）वह दुकानदार अपनी दुकान बन्द किया है।

（6）तुम कपड़ा धोकर मुझे दीजिये।

8. 造句：

（1）---का विचार है कि

（2）ऐसा युग आया जब---

（3）लंबे अरसे तक

（4）के अनुसार

（5）से भरना

（6）बदलना

（7）अध्ययन करना

（8）की अपेक्षा

（9）भूमिका अदा करना

（10）छेद करना

9. 将下列句子变为现在完成时和否定句：

（1）मैंने स्कूटर ठीक किया।

（2）ड्राइवर ने गाड़ी रोकी।

（3）गुप्ता ने उस बूढ़े को बीस रुपये दे दिये।

（4）गोपाल वह मकान खरीद लेंगे।

（5）सीता अपने दोस्त को चिट्ठी लिख रही है।

（6）वह यह कलम आप को देगी।

（7）हम लोग सिनेमा देखने जाएंगे।

（8）वे लोग नौवाँ पाठ पढ़ रहे हैं।

第九课　नौवां पाठ

10. 分析下列句子：

   (1) इतने लम्बे समय में पृथ्वी बहुत परिवर्तित हुई है।

   (2) ऐसा युग रहा था जब पृथ्वी का अधिकांश भाग बर्फ़ से ढका था।

   (3) जीवित वस्तुओं के अवशेषों से हमें जीवित वस्तुओं का विकास मालूम हो जाता है।

   (4) उसने अपनी आवश्यकताओं के अनुसार पृथ्वी को काफ़ी बदला है।

   (5) नहरें बनाई हैं और दलदलों को सूखी मिट्टी से भरा है।

11. 背诵全篇课文。

12. 阅读练习：

ईश्वर करे तुम्हारी जल्दी शादी हो

बूढ़ी दादी धूप में बैठी है। उनका पोता गोपाल छुट्टियों में कानपुर से घर आया है। वह दादी के पास आकर बैठ गया है। उसने दादी से पूछा, "दादी, राकेश के घर का क्या हाल है? राकेश यहीं है या कहीं गया है।" दादी ने सोचकर कहा, "बेटा, वह तो अपने मामा के यहाँ बनारस गया है। वहाँ उस के मामा उस के लिए किसी नौकरी की कोशिश कर रहे हैं। भगवान करे उसकी भी जल्दी से कहीं नौकरी लग जाए। उसके मां-बाप बहुत दुखी हो गए हैं। उसकी मां की आँखों का हाल अच्छा नहीं है। कहीं ऐसा न हो कि इनकी आँखें हमेशा के लिए ख़राब हो जाएं।" यह सुनकर गोपाल बहुत हैरान हो गया। उसने फिर दादी से पूछा, "दादी, आप का मतलब यह है कि राकेश की मां की आँखें ज्यादा ख़राब हो गई हैं। दादी, कानपुर में आँखों के एक बहुत अच्छे डाक्टर हैं। उन्होंने बहुत से लोगों की आँखों का ऑपरेशन किया है और फ़ायदा हुआ है। यदि राकेश की माँ को भी उन्हीं डाक्टर को दिखा दें, तो कैसा रहे?" दादी ने पोते की बातें काटकर कहा, "तेरा मन अच्छा है। लेकिन उस के लिए पैसा भी चाहिए। आजकल वे बड़ी तंग हालत में हैं। ईश्वर करे उनकी

परेशानियाँ जल्दी दूर हो जाएं।" गोपाल ने कहा, "दादी, राकेश को पैसे की आवश्यकता है, उसको कुछ पैसे दे दें और उसकी सहायता करें।" दादी मुस्कराते हुए बोली, "ठीक कहा है तूने। हमने उसे तीन सौ रुपये दे दिए हैं। हाँ, बेटा, शादी के बारे में क्या सोचा है?" गोपाल को शर्म आई है। यह देखकर दादी प्रसन्न हुई। उन्होंने अपना हाथ गोपाल के सिर पर रखकर कहा, "ईश्वर करे तुम्हारी जल्दी शादी हो।"

ईश्वर（阳）天神，上帝
धूप（阴）阳光
कानपुर（地名）坎普尔
दुखी（形）痛苦的
हैरान（形）不安的，担心的
ऑपरेशन（阳）手术
---करना（及）手术

काटना（及）打断；切；咬
तंग（形）苦恼的；困难的
परेशानी（阴）不安，苦恼
फायदा（阳）好处，益处
हमेशा के लिये 永远
हालत（阳）情况，处境
पोता（阳）孙子

第十课 दसवां पाठ

पाठ	भारत
बातचीत	पहनावा

पाठ

भारत

भारत संसार के प्राचीन देशों में से एक है। उसकी सभ्यता और संस्कृति ने संसार पर गहरा प्रभाव डाला है।

भारत का क्षेत्रफल बहुत बड़ा है और उसकी जनसंख्या संसार में दूसरे नंबर पर है।

भौगोलिक दृष्टि से भारत के तीन प्राकृतिक भाग हैं। पहला भाग उत्तर में हिमालय पर्वतमाला है। यह उसकी प्राकृतिक सीमा है। इसकी कई चोटियां संसार की सब से ऊंची चोटियों में हैं। दूसरा भाग गंगा नदी का सब से अधिक उपजाऊ मैदान है। इस मैदान में कृषि-उत्पादन बुहत अधिक होता है। तीसरा भाग दक्षिण का पठार है। इस की ढाल पश्चिमी घाट से बंगाल की खाड़ी की ओर है। गंगा, यमुना और ब्रह्मपुत्र भारत की प्रमुख नदियां हैं।

भारत की मिट्टी काफ़ी उपजाऊ है और उसकी जलवायु भी बहुत अच्छी है। भारत के 70 प्रतिशत निवासी कृषि पर निर्भर हैं। धान, गेहूं, दाल, तिलहन, कपास, जूट और चाय उसकी प्रमुख कृषि फसलें हैं। भारत में गन्ने की उपज बहुत अधिक होती है और चाय की पैदावार भी उल्लेखनीय है।

भारत में कोयला, लोहा और अन्य खनिज पदार्थ भी काफ़ी मात्रा में मिलते हैं। बिहार और बंगाल में काफ़ी कोयला मिलता है। बिहार, उड़ीसा, मध्यप्रदेश, चेन्नई, मुंबई और मैसूर में बढ़िया किस्म का खनिज लोहा पर्याप्त मात्रा में प्राप्त होता है। भारत संसार का अधिकांश अभ्रक उत्पन्न करता है।

लम्बे समय तक भारतीय जनता ने अंग्रेज़ी उपनिवेशवादी शासन के ख़िलाफ़ घोर संग्राम चला दिया। सन् 1947 में स्वतंत्रता प्राप्त कर ली और भारत में गणराज्य की स्थापना की। स्वतंत्र होने के बाद उसने कई क्षेत्रों में काफ़ी उन्नति की है। देश में निर्माण-कार्य काफ़ी तेज़ी से हुआ है।

कोलकाता, मुंबई और चेन्नई भारत के बड़े नगर और मुख्य बंदरगाह हैं। नई दिल्ली भारत की राजधानी है।

बातचीत

पहनावा

विमला： तुम्हारा यह कोट बहुत ढीला है।

आनन्द： देखने में ज़रूर ढीला है, लेकिन वह बहुत आराम देता है। हाँ, यह कपड़ा सचमुच काफ़ी पुराना है, फ़िर भी यह गर्म है।

विमला： आजकल लोग नये फ़ैशन के कपड़े पहनते हैं। तुम्हारे पास पैसों की कमी नहीं है, खूब खाओ, अच्छे अच्छे कपड़े पहनो, और मौज उड़ाओ।

आनन्द： यह कहना ठीक नहीं है। हाँ, मुझे भी नये फ़ैशन के कपड़े पसंद हैं। लेकिन मेरे पिता जी ने बताया कि पहनावे की अपेक्षा पढ़ने पर अधिक ध्यान देना चाहिये।

विमला: तुम ठीक कहते हो। पहनावे पर अधिक ध्यान देने से समय बर्बाद होता है, आगे से मैं भी अधिक समय पढ़ाई में लगाऊँगी।

आनन्द: मुझे विश्वास है कि तुम बात की धनी हो।

विमला: धन्यवाद।

शब्दावली

(क)

सभ्यता（阴）文明

संस्कृति（阴）文化

गहरा（形）深的

प्रभाव（阳）影响，作用

पर---डालना（及）产生影响

जनसंख्या（阴）人口，人数

नंबर（阳）数目，座号

भौगोलिक（形）地理的

दृष्टि（阴）视力，观点

पर्वतमाला（阴）山脉

प्राकृतिक（形）自然的，天然的

सीमा（阴）边界

चोटी（阴）山峰，山顶

कृषि-उत्पादन（阳）农业生产

पठार（阳）高原

यमुना（阴）朱木纳河

ढाल（阴）斜坡，斜地

घाट（阳）海岸，码头

बंगाल（阳）孟加拉

खाड़ी（阴）海湾

ब्रह्मपुत्र（阴）布拉马普特拉河（上游为雅鲁藏布江）

प्रमुख（形）主要的

प्रतिशत（数）百分之……

निवासी（阳）居民

सत्तर（数）七十

निर्भर（形）依靠的

पर---रहना（不及）依靠

धान（阳）稻谷，稻子

गेहूँ（阳）麦子

दाल（阳）豆子

तिलहन（阳）油料作物

कपास（阴）棉花

जूट（阳）黄麻

फसल（阴）收成，农作物

गन्ना（阳）甘蔗

उपज（阴）产量，产额
पैदावार（阴）收成
कोयला（阳）煤
लोहा（阳）铁
अन्य（形）其他的
खनिज（形）矿产的
पदार्थ（阳）物品，物体
मात्रा（阴）数量
बिहार（阳）比哈尔邦
उड़ीसा（阳）奥里萨邦
मध्यप्रदेश（阳）中央邦
चेन्नई（阴）金奈
मुंबई（阴）孟买
मैसूर（阳）迈索尔（城市名）
किस्म（阴）种类
घोर（形）可怕的，恶劣的
अभ्रक（阳）云母
उल्लेखनीय（形）值得提到的
संग्राम（阳）斗争
पर्याप्त（形）足够的，充分的
सैंतालीस（数）四十七
शासन（阳）统治
स्वतंत्रता（阴）独立，自治
गणराज्य（阳）共和国
स्थापना（阴）建立，成立
की---करना（及）建立，成立
स्वतंत्र（形）独立的，自治的
क्षेत्र（阳）行业，范围
उन्नति（阴）提高，发展
---करना（及）提高，发展
निर्माण-कार्य（阳）建设事业
कोलकाता（阳）加尔各答
नगर（阳）城市
मुख्य（形）主要的
बन्दरगाह（阳）港口
तेज़ी से（副）快速，急速

（ख）

पहनावा（阳）衣着，服装
ढीला（形）宽大的
फ़ैशन（阳）式样，时髦
बर्बाद（形）浪费了的，破坏了的
मौज（阴）愉快，欢乐
---उड़ाना（及）享乐，享受
विश्वास（阳）相信
को---होना（不及）相信
धनी（形）富裕的

टिप्पणियां

1. भारत में कोयला, लोहो और अन्य खनिज पदार्थ भी काफ़ी मात्रा में मिलते हैं।

काफ़ी मात्रा में 意为"相当多地", 此外还有 पर्याप्त मात्रा में 意为"足够数量地" "充分地"; अधिक मात्रा में "大量地"; उचित मात्रा में "适当数量地"。

2. मुझे विश्वास है कि तुम बात की धनी हो।

धनी 原意为"富裕的", बात का धनी होना 转意为"守信用""遵守诺言"。

अभ्यास

1. 语音练习：

(1) 元音

भौगोलिक सीमा चोटी उपजाऊ खाड़ी निवासी तिलहन पैदावार लोहा खनिज बिहार उड़ीसा मैसूर अधिकांश नई दिल्ली

(2) क 组

भौगोलिक घाट गहरा बंगाल गेहूँ खनिज अधिकांश गणराज्य नगर बंदरगाह गन्ना कपास कोयला

(3) 复合辅音

प्राचीन सभ्यता प्रभाव जनसंख्या दृष्टि पर्वतमाला

कृषि-उत्पादन   दक्षिण   ब्रह्मपुत्र   प्रमुख   प्रतिशत   निर्भर   गन्ना
मात्रा   मध्यप्रदेश   किस्म   पर्याप्त   अभ्रक   संग्राम   स्थापना   स्वतंत्र
क्षेत्र   निर्माण-कार्य   मुख्य   उन्नति

（4）词组

प्राचीन देशों में से एक,   सभ्यता और संस्कृति पर गहरा प्रभाव डालना,
दूसरे नंबर पर होना,   भौगोलिक दृष्टि से,   हिमालय पर्वतमाला,
उपजाऊ मैदान,   दक्षिण का पठार,   70 प्रतिशत निवासी,
कृषि पर निर्भर रहना,   घोर संग्राम चलाना,   स्वतंत्र होने के बाद,
चाय की पैदावार भी उल्लेखनीय होना,   देश के निर्माण-कार्य में

2. 回答问题：

（1）भारत को संसार के प्राचीन देशों में से एक क्यों कहते है?

（2）भौगोलिक दृष्टि से भारत के कितने भाग होते हैं?

（3）भारत की तीन बड़ी नदियों के नाम बताइये।

（4）भारत की मिट्टी और जलवायु कैसी है?

（5）भारत के कितने प्रतिशत लोग गांवों में रहते हैं?

（6）भारत की प्रमुख फ़सलें क्या-क्या हैं?

（7）किन किन प्रदेशों में कोयला काफ़ी मिलता है?

（8）कहाँ अच्छा खनिज लोहा पर्याप्त मात्रा में मिलता है?

（9）भारत कब स्वतंत्र हुआ?

（10）भारत की आजकल की स्थिति बताइये।

3. 选择回答：

（1）भारत की सभ्यता और संस्कृति ने संसार पर गहरा प्रभाव डाला है,
क्योंकि---

क. भारत की सभ्यता और संस्कृति अच्छी है।

ख. भारत की सभ्यता और संस्कृति बहुत पुरानी है।

ग. भारत की सभ्यता और संस्कृति संसार की सभ्यता और संस्कृति से बढ़कर है।

घ. भारत की सभ्यता और संस्कृति संसार की सभ्यता और संस्कृति पर अपना प्रभाव डालने लगी।

（2）भारत की मिट्टी बड़ी उपजाऊ है, क्योंकि---

क. भारत में गंगा, जमुना और ब्रह्मपुत्र हैं।

ख. भारतीय जनता बहुत पशु पालती है।

ग. 70 प्रतिशत लोग खेती करते हैं।

घ. भारतीय जनता काफ़ी मेहनती है।

（3）एक लंबे स्वतंत्र संग्राम के बाद सन् 1947 में भारतीय जनता ने अंग्रेज़ी उपनिवेशवादी शासन से अपनी स्वतंत्रता प्राप्त की थी, क्योंकि---

क. भारतीय जनता ने वीरता के साथ अंग्रेज़ी उपनिवेशवादियों से लड़ाई लड़ी थी।

ख. अंग्रेज़ अपने देश वापस जाना चाहते थे।

ग. भारत में बहुत गर्मी थी, इसलिये अंग्रेज़ गर्मी से सह（忍受）नहीं जाते थे और उन्होंने भारत भारतीय जनता को लौटा दिया।

घ. अंग्रेज भारतीय जनता की वीरता से डरते थे और उन्हें मज़बूर होकर（迫不得已）अपना शासन छोड़ना पड़ा था।

4. 翻译下面的句子：

（1）印度人民为了争取独立，与英国殖民主义者进行长期艰苦的斗争。

（2）印度现在有人口 13.26 亿，男人比女人多 3100 万。

（3）她哥刚从农村来，给她带来了许多水果和蔬菜。

（4）现在我国农村也发生了很大的变化，许多农民都盖起了楼房。

（5）他怎么还在床上躺着，车已经来了。

（6）德巴斯先生为我们作了一个十分精彩的报告。

5. 翻译下面的句子：

（1）गोपाल को कितनी देर के लिये गाड़ी चाहिये?

（2）सुमीता एक जापानी कैमरा चाहती है।

（3）मैं कॉफ़ी पीना ज़्यादा पसन्द करता हूँ।

（4）वह दो-तीन बार बनारस जा चुका है।

（5）आजकल वे कहाँ ठहरे हैं?

（6）उसके घर पर कुछ मेहमान आये हैं।

（7）राम आप के लिये मिठाई लाया है।

（8）शीला ने अपने लिये एक नया कपड़ा खरीदा है।

6. 填空：

（1）प्रकाश_____एक गाड़ी चाहिये।（पर, को, से）

（2）मज़दूरों_____राष्ट्र-दिवस_____नये कपड़े मिले हैं।（को, पर, से）

（3）शीला को विश्वविद्यालय के आसपास एक कमरा चाहिये, लेकिन उसको यहाँ मकान नहीं_____।（चाहिये, मिलना, चाहना）

（4）मोहन_____तीन चार दिन से बुखार है।（का, को, पर）

（5）मेरे भाई को शाम के समय घर में रहना_____।（चाहिये, होना, चाहना）

（6）अध्यापक जी, एक छात्रा आप से_____आयी है।（मिलना）

（7）राम_____यहाँ पहुंचने में देर हो गयी।（की, को, पर）

(8) तुम आज देर_____क्यों आये हो? (से, पर, के लिये)

7. 将下面的句子变成现在完成时和否定句：

(1) हम नाटक देखते थे।

(2) माता जी चाय बना रही हैं।

(3) मोहन ने आज का अख़बार पढ़ा।

(4) वे लोग बैडमिंटन खेल रहे हैं।

(5) भेड़िया और लोमड़ी बकरी का पीछा करने लगे।

(6) मोहन ने हमें भोजन पर बुलाया।

(7) अध्यापक जी अक्सर उसकी तारीफ़ करते हैं।

(8) सब लोग समर-पैलेस जाने का विचार कर रहे हैं।

8. 按照例句改写下列句子：

आप खाना खा चुके हैं।

आप ने खाना खा लिया है।

(1) शीला "मैया का घर" देख चुकी है।

(2) सब विद्यार्थी परीक्षा की अच्छी तरह तैयारी कर चुके हैं।

(3) मैं आज के समाचार सुन चुका हूँ।

(4) रवि हिन्दी-चीनी शब्दकोश खरीद चुका है।

(5) मोहन के भाई एक पत्र लिख चुके हैं।

9. 改错：

(1) मैं उसे सब कुछ समझ लेगा।

(2) अब मज़दूर काम नहीं करने चाहते।

(3) विनोद हिन्दी अध्ययन करता है।

（4）यह खबर सुनकर उसका चेहरा गिर गयी।

（5）इस चिट्ठी में कही है कि कुमार आज न आएगा।

（6）आज की सभा में मोहन ने भाषण बोला।

（7）मैंने कहा तुम क्या कर रहे हैं।

（8）उसने नाटक में पात्रों का अभिनय की।

（9）वे क्या देशों में गया?

（10）उन्होंने चीनी साहित्य की श्रीवृद्धि किया था।

（11）बच्चे, आप के जीवन आनंद और खुशी हो।

（12）क्लास के बाद मुझे भूख लगती हूँ।

（13）वे ने कहा कि तुम एक अच्छा छात्र बनें।

10. 选择正确的词语：

（1）तुम अध्यापक को（बताइये, बताओ）कि आज रात को भारतीय फ़िल्म（होगी, होगा）।

（2）एक चूहा जाल में फंस（गयी, गया）है।

（3）हो सकता है कि कल सुबह（मेरे, अपने）दोस्त को（बुलाऊँ, बुलाऊँगी）।

（4）（तुम्हें, तुम）यह काम अच्छा लगता（है, हो）?

（5）मीरा（चिल्लाती हुई, चिल्लाता हुआ）बाहर आयी।

（6）（वह, उसे）दिन भर काम करते-करते परेशान हो गया है।

（7）रमेश जी, आप अभी खाना（खाकर, खाते हुए）रेलवे-स्टेशन जाइये।

（8）तुम यह किताब（लिए, लेकर）जाओ।

（9）वे लड़कियाँ हर समय कुछ न कुछ खाती（जाती, रहती）हैं।

（10）ये लोग सारे दिन दफ़्तर का काम करते（जाते, रहते）हैं।

（11）मैं सुन रहा हूँ, तुम बोलते（जाओ, रहो）।

（12）हमारे देश में निर्माण-कार्य तेज़ी से होता（रहता, जाता）है।

第十课　दसवां पाठ

11. 将下面的短文译成印地语：

有一个人非常爱睡觉。有一天，他去朋友家办事，在客厅（बैठक）里坐了一会儿，见主人（मेज़बान）还没有出来，就想："你既然还不出来，我为什么不睡觉呢？"想着想着就在椅子上睡着了。他的朋友也是个爱睡觉的人。他来到客厅，看见客人（मेहमान）睡着了，不愿叫醒（जगाना）他，也在另一把椅子上睡了起来。

客人睡了一会儿以后，醒（जागना）来看看，见主人也在那里睡觉呢，就想："既然你也睡了，我还继续睡吧。"

这样，两个人一直睡到傍晚，才慢慢地醒过来。客人觉得天太晚了，没有说办什么事情，只说了声"再见"，就离去了。主人见客人要走，就说："欢迎你困（नींद आना）的时候再来。"

12. 分析下列句子：

（1）भारत का क्षेत्रफल बहुत बड़ा है, और उसकी जनसंख्या संसार में दूसरे नंबर पर है।

（2）पहला भाग उत्तर में हिमालय पर्वतमाला है, यह उसकी प्राकृतिक सीमा है।

（3）इसकी कई चोटियाँ संसार की सब से ऊँची चोटियों में हैं।

（4）भारत में कोयला, लोहा, और अन्य खनिज पदार्थ भी काफ़ी मात्रा में मिलते हैं।

（5）लम्बे समय तक भारतीय जनता ने अंग्रेज़ी उपनिवेशवादी शासन के खिलाफ़ घोर संग्राम चला दिया।

13. 背诵全篇课文。

14. 阅读练习：

अनोखा चोर

एक पहलवान था। वह सबेरे उठकर बदन पर तेल की मालिश के लिये बढ़िया सरसों का तेल लाता था। एक बार उसने तेल की बोतल घर में रखी। दिन भर के काम से थककर वह रात को सो गया। सबेरे जब वह उठा, तो तेल की बोतल खाली थी।

पहलवान बहुत हैरान हुआ। उसने सोचाःघर का कुंडा अन्दर से बन्द था। फ़िर बोतल में से तेल किसने निकाल लिया? ”

बहुत सोचने पर भी पहलवान को तेल चुराने वाले का कुछ पता न लगा। इसी तरह कई दिन बीत गये। वह रोज़ तेल की बोतल भरवाकर रखता है, पर सबेरे वह बोतल खाली होती थी।

एक रात, उसने रात-भर जागने का फ़ैसला किया। वह लाठी लेकर दरवाज़े के पीछे छिप गया। वह खड़ा-खड़ा थक गया, परन्तु कोई चोर न आया।

थोड़ी देर में वहाँ एक चूहा आया। उसने अलमारी पर चढ़कर अपनी पूँछ तेल की बोतल में डाल दी। पूँछ के साथ बहुत सा तेल चिपक गया। फ़िर चूहे ने पूँछ बोतल से बाहर निकाली और तेल चाट लिया।

इसी तरह चूहे ने कई बार पूँछ तेल में डाली। फ़िर बाहर निकालकर चाट ली। देखते-देखते बोतल खाली हो गई।

पहलवान इस अनोखे चोर की करतूत देखकर हँस पड़ा।

अनोखा（形）奇怪的

पहलवान（阳）大力士

बदन（阳）身体

मालिश（阴）擦，涂

हैरान（形）惊奇的

भरवाना（及）使装满

जागना（不及）醒

छिपना（不及）躲藏

सरसों का तेल（阳）芥子油

बोतल（阳）瓶子

कुँडा（阳）门闩

चाटना（及）舐

पूँछ（阴）尾巴

चिपकना（不及）粘

करतूत（阴）作法，行为

第十一课　ग्यारहवां पाठ

पाठ	भेड़िया और मेमना
बातचीत	लापरवाही नुकसान है
व्याकरण	怀疑语气

पाठ

भेड़िया और मेमना

एक जंगल था। उसमें एक गुफ़ा थी। उस गुफ़ा में एक हिंसक व चालाक भेड़िया रहता था। वह हमेशा शिकार खेलकर पेट भरता था।

एक बार की बात थी। उस भेड़िये को बहुत भूख लग रही थी। उसने दिल में सोचा, "इस समय नदी के किनारे छोटे छोटे जानवर पानी पी रहे होंगे। ख़रगोश होगा, हिरण होगा। मैं क्यों शिकार खोजने के लिए वहां न जाऊं? "

जब वह नदी के किनारे पहुंचा, तो वह छिपकर पानी पीने लगा। इतने में उसने देखा कि दूर नीचे की ओर एक मेमना पानी पी रहा था। यह देखकर भेड़िया खुशी से फूला न समाया। वह उछलता हुआ मेमने के पास गया और कहने लगा, "अरे भेड़ के बच्चे। तू जानता होगा कि मैं जूठा पानी कभी नहीं पीता। लेकिन तू

पाठ ११ ग्यारहवां पाठ

क्यों जानबूझकर पानी जूठा कर रहा है?"

मेमना बोला, "वाह जी, मैं पानी कैसे जूठा कर रहा हूं? तुमने इस नदी को अच्छी तरह न देखा होगा। पानी तो तुम्हारी तरफ़ से बहकर मेरी तरफ़ आ रहा है।"

यह सुनकर भेड़िया लाजवाब हो गया। लेकिन वह कुछ सोचकर फिर बोला, "अबे, भेड़ के बच्चे। तू शायद इस बात को भूल गया होगा, पिछले साल के वसंत में तूने मुझे बहुत गालियां दी थीं।"

मेमना बोला, "अरे जी, मैंने तो कभी किसी को गाली नहीं दी। तुम भ्रम में पड़ गए होगे। पिछले साल मैं गाली कैसे दे सकता था? अभी तो मैं कुल छै महीने का हूं। पिछले साल तो मैं पैदा भी नहीं हुआ था।"

भेड़िया गुर्राकर बोला, "ज़्यादा ज़बान न चला। बकबक मत कर। मैं तुझे अब नहीं छोड़ूंगा। गाली तूने न दी होगी, तेरे भाई ने दी होगी।"

इतना कहकर भेड़िया मेमने पर टूट पड़ा।

 बातचीत

लापरवाही नुकसान है

विमला : रमेश, मेरी किताब नहीं मिल रही है। तुमने कहीं देखी है?

रमेश : मालूम नहीं, खुद ही कहीं रख दी होगी। अच्छी तरह ढूँढो। क्या तुम कमरे में ले आयीं?

विमला : मुझे अच्छी तरह याद है कि मैं कमरे में ले आयी थी। कल रात को शायद वसंत वही किताब पढ़ रहा था। उसी ने कहीं रख दी होगी।

रमेश : यह मैंने नहीं देखा। विमला, तुम कल रवि के कमरे में गयी थीं, हो सकता है, वहीं रह गयी होगी। नहीं तो क्लासरूम में छोड़ आयी होगी।

विमला : यह नहीं हो सकता।

रमेश : तुम नहीं समझती कि ज़रा-सी लापरवाही से कितनी परेशानी हो सकती है, कितना नुकसान हो सकता है।

विमला: तो कैसे?

रमेश : मेरे बड़े भाई की एक घटना सुनो। उस समय वे एक कॉलेज में पढ़ते थे। एक बार वे पुस्तकालय से तीन पुस्तकें लाये। तीनों पुस्तकें बहुत महंगी थीं। कुल मिलाकर चार सौ रुपये की होंगी। वे उन पुस्तकों को कहीं रखकर भूल गये। दो महीने के बाद पुस्तकालय से पत्र मिला। पत्र में पुस्तकें तुरन्त लौटाने के लिये लिखा था।

विमला: तो उन्हें पुस्तकें मिलीं?

रमेश : नहीं, घर के कोने-कोने में ढूंढ़ा, फिर भी नहीं मिलीं।

विमला: तो फिर क्या हुआ?

रमेश : उन्होंने बहुत सोचा और सभी मित्रों के यहाँ खोजा। आख़िर पुस्तकें गौड़ अंकल के यहाँ मिल गयीं।

विमला: मुझे अच्छी तरह ढूंढ़ना चाहिये और इसका सबक लेना चाहिये। अब से अपनी चीजों पर खुद ध्यान रखूंगी।

शब्दावली

(क)

मेमना（阳）小羊

गुफ़ा（阴）山洞

हिंसक（形）凶恶的

चालाक（形）狡猾的

शिकार（阳）打猎

---खेलना（及）打猎

अबे（感）喂（无礼的招呼）

छिपना（不及）躲藏

फूला न समाना（不及）乐不可支，万分高兴

उछलना（不及）跳跃

भेड़（阴）母绵羊

जूठा（形）吃剩下的，被弄脏的

---करना（及）弄脏，吃剩

वाह（感）啊，哎

की तरफ़（后）向……，朝……

第十一课　ग्यारहवां पाठ

लाजवाब（形）无言以对的
गाली（阴）骂，咒骂
---देना（及）骂，咒骂
वसंत（阳）春天，春季
भ्रम（阳）迷误，错觉

---में पड़ना（不及）陷入迷误
गुर्राना（不及）咆哮，怒吼
बकबक（阴）废话，饶舌
---करना（及）说废话，胡言乱语
टूट पड़ना（不及）猛扑

（ख）

लापरवाही（阴）粗心大意
नुकसान（阳）损失，危害
परेशानी（阴）不安，苦恼
आखिर（副）最后，终于
अंकल（阳）伯父，叔叔

सबक（阳）教训
का---लेना（及）吸取教训
मिलाना（及）联合，合并，掺合
कुल मिलाकर　总共

 व्याकरण

1. 怀疑语气

　　怀疑语气表示不肯定的动作，常用来表示猜度，在汉语中有"也许""大概""可能"等意思。怀疑语气共有三种时态，即现在时怀疑语气、进行时怀疑语气、过去时怀疑语气。

2. 现在时怀疑语气

　　现在时怀疑语气表示说话人认为所说的动作或状态是经常的、习惯的，或在现在或将来可能的动作。例如：

वे हमें जानती होंगी।

她也许认识我们。

भारतीय दोस्त दस बजे पहुंचते होंगे।

印度朋友大概十点钟到达。

आप लोग हर रोज़ पुस्तकालय में पढ़ते होंगे?

你们每天大概都在图书馆学习吧?

मेरी घड़ी ठीक समय नहीं देती होगी।

我的手表可能走得不准。

3. 现在时怀疑语气的构成形式

现在时怀疑语气的构成形式是将现在经常时的 हूँ, है, हैं, हो, 变换为 हूंगा（हूंगी）, होगा（होगी）, होंगे（होंगी）, होगे（होगी)。

现以 आना 和 देखना 为例，列表如下：

代词	आना		देखना	
	阳性	阴性	阳性	阴性
मैं	आता हूंगा	आती हूंगी	देखता हूंगा	देखती हूंगी
तू ,वह ,यह	आता होगा	आती होगी	देखता होगा	देखती होगी
हम,आप,वे,ये	आते होंगे	आती होंगी	देखते होंगे	देखती होंगी
तुम	आते होगे	आती होगी	देखते होगे	देखती होगी

4. 进行时怀疑语气

进行时怀疑语气表示说话人认为所说的动作或状态可能正在

进行着。例如：

वे लोग चार मई मैदान में बास्केटबाल खेल रहे होंगे।

他们可能正在五四操场打篮球。

मधु डबास जी के यहाँ चाय पी रही होगी।

莫图现在也许正在德巴斯先生那里喝茶。

आनंद इस समय अंकल ली के लिये कमरे की सफ़ाई कर रहा होगा।

阿南德现在也许正为李伯伯打扫房间。

रवि रेडियो सुन रहा होगा।

拉维大概正在听广播。

5. 进行时怀疑语气的构成形式

进行时怀疑语气的构成形式是将现在进行时的 हूँ, है, हैं, हो 改为 हूंगा（हूंगी）, होगा（होगी）, होंगे（होंगी）, होगे（होगी）。

现以 पढ़ना 为例，列表如下：

代词	阳性	阴性
मैं	पढ़ रहा हूंगा	पढ़ रही हूंगी
तू, वह, यह	पढ़ रहा होगा	पढ़ रही होगी
हम, आप, वे, ये	पढ़ रहे होंगे	पढ़ रही होंगी
तुम	पढ़ रहे होगे	पढ़ रही होगी

6. 过去时怀疑语气

过去时怀疑语气表示说话人认为所说的动作或状态可能已经完成了。例如：

राधा ने अपनी माता जी को पत्र लिखा होगा।

拉塔可能给她母亲写了信。

इस समय सुनील राजगुरु जी के यहाँ पहुचे होंगे।

现在苏尼尔大概已经到了拉吉古鲁那儿。

7. 过去时怀疑语气的构成形式

过去时怀疑语气的构成形式是将动词现在完成时后面的 हूँ, है, हैं, हो 改为 हूंगा（हूंगी）, होगा（होगी）, होंगे（होंगी）, होगे（होगी）。

以 आना 为例，列表如下：

代词	阳性	阴性
मैं	आया हूंगा	आयी हूंगी
तू, यह, वह	आया होगा	आयी होगी
हम, आप, ये, वे	आये होंगे	आयी होंगी
तुम	आये होगे	आये होगी

以 देखना 为例，列表如下：

代词	阳性		阴性	
	单数	复数	单数	复数
मैंने, तूने, इसने, उसने, हमने, आपने, इन्होंने, उन्होंने, तुमने	देखा होगा	देखे होंगे	देखी होगी	देखी होंगी

8. होना 在怀疑语气中的特殊用法

होना 在怀疑语气中用法较为特殊，它可以表示"存在""有"的意思。例如：

第十一课　ग्यारहवां पाठ

आप को यह किताब पसंद होगी।
您也许喜欢这本书。
इस समय अध्यापक चांग दफ़्तर में होंगे।
现在张老师可能在办公室。

9. 怀疑语气在表示肯定的猜度时，句中常用 अवश्य, ज़रूर, निश्चय ही 等副词，有"一定……"的意思。表示不肯定的猜度时，句中常有 शायद, संभवत: 等副词，有"也许……""可能……""大概……"等意思。

वसंत जी ज़रूर इस इमारत के किसी कमरे में होंगे।
沃森德先生一定在这幢楼的某个房间里。
आप ने हमारे पुस्तकालय को अवश्य ही देखा होगा।
您一定参观过我们的图书馆。
तुम लोग शायद जानते होगे कि रवि आज नहीं आएगा।
你们也许知道今天拉维不来。

 अभ्यास

1. 语音练习：

ए --- भेड़िया मेमना हमेशा खेलना पेट किनारे अरे लेकिन कैसे पिछले अबे

इ --- हिंसक शिकार दिल हिरण छिपना आख़िर

ज --- जंगल जानवर खोजना जानबूझकर जूठा लाजवाब

ल --- चालाक खेलना दिल फूला न समाना उछलना भूलना गाली कुल लापरवाही

词组

शिकार खेलकर पेट भरता था， छिपकर पानी पीने लगा， इतने में， खुशी से फूला न समाया， भ्रम में पड़ गए होगे， ज़्यादा ज़बान न चला， मेमना पर टूट पड़ा

2. 朗读下列句子：

(1) इस समय नदी के किनारे छोटे-छोटे जानवर पानी पी रहे होंगे।

(2) मैं क्यों शिकार खोजने के लिये वहाँ न जाऊं?

(3) अरे, भेड़ के बच्चे। तू जानता होगा कि मैं जूठा पानी कभी नहीं पीता।

(4) तू क्यों जानबूझकर पानी जूठा कर रहा है?

(5) अरे जी, मैंने तो कभी किसी को गाली नहीं दी।

(6) पिछले साल मैं गाली कैसे दे सकता था?

(7) ज़्यादा ज़बान न चला। बकबक मत कर।

(8) गाली तूने न दी होगी, तेरे भाई ने दी होगी।

3. 造句：

(1) शिकार खेलना

(2) फूला न समाना

(3) भ्रम में पड़ना

(4) पर टूट पड़ना

(5) ध्यान रखना

(6) पेट भरना

(7) जानबूझकर

(8) ज़बान चलाना

(9) सबक लेना

4. 翻译下面的句子：

(1) सभी विद्यार्थी आ गये होंगे।

(2) मैं आज खूब सोया था।

（3）गांव के लोग अभी रामायण (《罗摩衍那》) की कहानी सुन रहे होंगे।

（4）रमेश ने बहुत सी पुरानी किताबें खरीदी हैं।

（5）वहाँ पानी इधर उधर बह रहा होगा।

（6）छात्रावास की सफ़ाई अच्छी नहीं होती होगी।

（7）वह छात्र अच्छी हिन्दी बोल सकता होगा?

（8）सुनील ने अभी तक न कुछ खाया है, न पिया है।

（9）आपने अपनी किताबें खोज ली होंगी।

（10）वर्षा के कारण उन लोगों को बड़ी परेशानी होती होगी।

（11）वसंत और कमला बाज़ार में कपड़े खरीद रहे होंगे।

（12）तुम्हें अपनी माता की चिट्ठी मिली होगी।

5. 翻译下面的句子：

（1）他的父亲也许给他寄钱来了。

（2）苏尼尔也许已经告诉你，今天晚上有电影。

（3）这件事不是您告诉我的，就是拉塔告诉我的。

（4）沃森德大概在打羽毛球。

（5）最近他家来了很多外国朋友，他一定很忙。

（6）火车可能正在进站。

（7）二年级的师生去颐和园了吗？也许已经去了。

（8）拉姆也许正在找他的上衣。

（9）你也许常收到莫图的信？

（10）阿南德先生一定给你们讲了印度文化史。

6. 用括号里的词填空：

例：रमेश आज देर से________। (आना)

रमेश आज देर से आता होगा।

(1) वे दोनों बाज़ार__________। (चला जाना)

(2) गुप्ता ने अपने बेटे को चिट्ठी__________। (लिखना)

(3) मधु आजकल नेहरू विश्वविद्यालय में__________। (पढ़ना)

(4) आपने उन्हें अच्छी खबर__________। (बताना)

(5) सुनील को एक सौ रुपये__________। (मिलना)

(6) अध्यापक ने उसकी प्रशंसा___________। (करना)

(7) राम अक्सर शिकार__________। (खेलना)

(8) अब वसंत आनंद के यहाँ___________। (पहुंचना)

(9) एक ख़रगोश ने नदी को जूठा__________। (करना)

(10) आज आपने शिकार__________। (खोजना)

7. 将下列句子改为疑问语气：

(1) सुरेश हमेशा अपने छोटे भाई को स्कूल भेजता है।

(2) आनन्द ने यह उपन्यास पढ़ा है।

(3) सीता अब यहाँ नहीं रहती।

(4) बच्चे भोजन कर रहे हैं।

(5) विद्यार्थियों ने बहुत मेहनत से परीक्षा की तैयारी की है।

(6) मेरी घड़ी ठीक नहीं चलती।

(7) वे लोग रात को देर तक पढ़ते हैं।

(8) गोपाल को मालूम है कि आज यहाँ छुट्टी नहीं है।

8. 改错：

（1）मेरी बात सुनकर उस विद्यार्थी ने घबराया है।

（2）माता के घर में आकर अपने बच्चे को कहानी बतलाने लगी।

（3）मैंने उसे कहा कि आज हम फ़िल्म देखने जाएंगे।

（4）इस समय मैं समर-पैलेस जा चाहता हूँ।

（5）सुरेश चाहता है कि दो दिन की छुट्टी ले लेता।

（6）आप बताओ, यह उत्तर ठीक है या नहीं।

（7）उसने एक कवि लिखी है।

（8）यह बात शायद तुम भूल गया।

（9）आप भूख लगते होगे।

（10）गाली देनी अच्छी बात नहीं है।

9. 回答问题：

（1）क्या मेमना उस गुफ़ा में रहता था?

（2）क्या भेड़िया मेमने का मित्र था?

（3）जब भेड़िये को बहुत भूख लग रही थी, तो उसने क्या सोचा?

（4）भेड़िये को क्या देखकर बड़ी खुशी हुई?

（5）क्या मेमने ने सचमुच पानी जूठा कर दिया?

（6）मेमने ने भेड़िये से क्या पूछा? भेड़िया क्यों लाजवाब हो गया?

（7）क्या मेमने ने भेड़िये को गालियां दी थीं?

（8）पिछले साल के वसंत में मेमने की उम्र कितनी थी?

（9）मेमने की बात सुनते ही भेड़िया गुर्राकर क्या बोला?

（10）यह पाठ पढ़कर आप को क्या अनुभव हुआ?

10. 将下面的短文译成印地语：

　　一天，罗梅希和苏尼尔兄弟俩进城去玩，父亲给他们每人五个卢比让他们买东西吃。两人得到钱后非常高兴，唱着歌走了。

　　在路上，罗梅希说："喂，苏尼尔弟弟，你打算用这些钱买什么？我们给妈妈买些橘子，好吗？因为妈妈从昨天发烧，也许她很想吃橘子。"

　　苏尼尔说："你愿意买就买吧，我想给自己买些吃的。你大概知道，妈妈有不少的钱。如果她想吃橘子，一定会告诉爸爸的。"

　　他们俩边走边说来到了一个水果店。苏尼尔买了些饼干、梨和糖，津津有味地吃了起来。罗梅希却买了几个又大又好的橘子。然后两人一块回家去了。回到家，他们来到母亲的床前。罗梅希说："妈妈，我给您买了些橘子，您也许喜欢吃。"母亲接过橘子说："好孩子，你怎么知道妈妈想吃橘子。我现在正在发烧，想吃些凉水果，吃了橘子病也许会好些。谢谢你的一片好心。"看到这一切，苏尼尔感到十分羞愧。

11. 分析下列句子：

（1）वह हमेशा शिकार खेलकर पेट भरता था।

（2）उस भेड़िये को बहुत भूख लग रही थी।

（3）मैं क्यों शिकार खोजने के लिये वहाँ न जाऊं।

（4）जब वह नदी के किनारे पहुंचा, तो वह छिपकर पानी पीने लगा।

（5）गाली तूने न दी होगी।

第十一课 ग्यारहवां पाठ

12. 背诵全篇课文。

13. 阅读练习:

बीरबल की बुद्धिमत्ता

एक समय की बात थी, मुगल राजवंश के बादशाह अकबर अपने दरबार में बैठे थे। उस समय बीरबल भी वहाँ मौजूद थे।

बादशाह ने बीरबल से पूछाः " तुम अपनी पत्नी का हाथ दिन में एक-दो बार तो देखते ही होंगे। उनके हाथ में चूड़ियां जरूर होंगी। तो बताओ, कितनी चूड़ियां हैं? "

कुछ देर सोचकर बीरबल ने कहाः "महाराज, आप तो दिन में दस-पंद्रह बार दाढ़ी पर हाथ फेरते होंगे। मेहरबानी करके बताइये, आप की दाढ़ी में कितने बाल हैं? "

अकबर ने मुस्कराकर कहाः "वाह। मैं अपनी दाढ़ी को खुद नहीं देख सकता। नहीं तो गिनकर बालों की संख्या बतला देता।"

बीरबल ने थोड़ी देर सोचा, फिर कहाः "अच्छा महाराज, बताइये, बेगम के सिर पर कितने बाल हैं? उन्हें तो आप दिन में दो-तीन बार अवश्य देखते होंगे।"

यह बात सुनकर अकबर ने जवाब दियाः "वह तो सिर से नकाब नहीं हटाती, बाल कैसे गिन सकता है।"

बीरबल ने नम्रता के साथ एक नया सवाल पूछाः "महाराज, आप हर रोज़ महल में जाते होंगे। ऊपर चढ़ने के लिए आप को सीढ़ियाँ चढ़नी पड़ती होंगी। क्या आप बतला सकते हैं कि उस जीने में कुल कितनी सीढ़ियाँ हैं? "

अकबर यह बात सुनकर अवाक् रह गए।

बीरबल ने हँसकर कहाः "महाराज, जीने की सीढ़ियां निश्चित हैं। वे बदलतीं नहीं। फिर भी उनकी संख्या बताना मुश्किल है। मगर स्त्रियाँ अपनी पसंद के

अनुसार चूड़ियाँ, कंगन, आदि जेवर पहनती हैं। वे कभी कम चूड़ियाँ पहनती हैं, कभी ज़्यादा पहनती हैं। इसलिए नामुमकिन है कि उनकी ठीक संख्या बताएँ।"

अकबर यह बात सुनकर खामोश हो गए। उन्होंने बीरबल की बुद्धिमत्ता की बहुत प्रशंसा की।

बीरबल（人名）毕尔波尔
बुद्धिमत्ता（阴）智慧，才智
राजवंश（阳）王朝，朝代
अकबर（人名）阿克巴
दरबार（阳）王宫
मौजूद（形）存在的
दाढ़ी（阴）胡须
चूड़ी（阴）手镯
फेरना（及）抚摸
मेहरबानी（阴）善意，仁慈
---करके（副）劳驾，请
बाल（阳）头发
गिनना（及）统计，计算
नकाब（阳，阴）面纱，面罩
हटाना（及）揭去，揭露
नम्रता（阴）谦虚
जीना（阳）台阶，梯子
अवाक्（形）哑口无言的
निश्चित（形）固定的
कंगन（阳）手镯
जेवर（阳）珠宝
नामुमकिन（形）不可能的
खामोश（形）沉默的

第十二课　बारहवां पाठ

पाठ	चींटी और तितली
बातचीत	पंजाब के बारे में
व्याकरण	1. 过去分词
	2. 后置词 के साथ

 पाठ

चींटी और तितली

वसन्त ऋतु थी। मौसम बहुत अच्छा था। न अधिक ठंड थी, न गर्मी। हवा धीरे धीरे चल रही थी। एक चींटी चावल का दाना मुंह में लिए हुए जा रही थी।

एक तितली ने उसे काम में लगे हुए देखा, तो मुस्कराते हुए कहा: "देवी जी, आप यह चीज़ लिए हुए कहां जा रही हैं?"

चींटी बोली: "मैं अपना खाना इकट्ठा कर रही हूं।"

तितली ने कहा: "अरे, आज का मौसम कितना अच्छा है। देखिये, कितना मनोहर और सुहावना प्रभात का समय है। वृक्षों पर विचित्र हरियाली है, खेतों में अजीब रौनक है, आसमान पर विशेष प्रकार की लालिमा है। ऐसे समय में न

खेलना मूर्खता है। आइये, हम एक साथ खेलें।"

चींटी ने जवाब दिया: "मैं अभी अपने काम में व्यस्त हूं। यदि कल वर्षा होगी, तो बच्चे भूखे मर जाएंगे। तुम चाहो तो भौंरे के साथ खेलो।"

तितली ने सोचा: "अच्छा, मैं पुष्पों का मीठा रस पीकर आनन्द मनाऊंगी।" यह सोचकर वह प्रसन्नता से नाचने लगी।

सावन आया। बरसात का मौसम था। पानी बरस रहा था। पक्षी अपने घोंसलों में दुबके हुए बैठे थे। जानवर अपनी गुफ़ाओं में लेटे हुए सो रहे थे। चींटी भी अपने बिल में बैठी हुई आराम कर रही थी। वह अपने बच्चों के साथ चावल खाती थी और मज़े से दिन काटती थी।

चींटी ने बिल से बाहर देखा। एक तितली भूमि पर पड़ी हुई छटपटा रही है। उसके पंख बिल्कुल भीगे हुए हैं। वह भूख से तड़प रही है।

चींटी ने तितली को आवाज़ दी: "बहन तितली, मेरे बिल में आइये। आप को भूख लगी होगी। कुछ खाइये।"

तितली ने वहीं से जवाब दिया: "बहन, मेरे पंख टूट गए हैं और मैं ज़रा भी नहीं हिल-डुल सकती।"

चींटी ने कहा: "तो मैं आपकी क्या सेवा करूं? "

तितली बोली: "मैंने आप की बात नहीं मानी थी। बुरे दिनों के लिये मैंने अपना खाना इकट्ठा नहीं किया। अपना घर नहीं बनाया। अब मैं यहां मर रही हूं।"

चींटी को तितली पर दया आई। उसने कहा: "साहस कीजिये, मेरे बिल में आइये, सब कुछ ठीक हो जाएगा।"

तितली बोली: "बहन, आप की दया पर धन्यवाद। मुझे यहां ऐसे ही रहने दीजिये।"

बातचीत

पंजाब के बारे में

चीनी : क्या आप पंजाब के रहने वाले हैं?

भारतीय: जी हाँ।

चीनी : पंजाब के बारे में मुझे कुछ बताइये।

भारतीय: पंजाब का अर्थ है पांच नदियों का प्रदेश। वहाँ की भूमि समतल है।

चीनी : क्या पंजाब की राजधानी अमृतसर है?

भारतीय: जी नहीं, पंजाब की राजधानी चंडीगढ़ है, अमृतसर एक प्रसिद्ध नगर है। वहाँ एक झील के बीच में सिखों का सब से बड़ा और सब से पवित्र गुरुद्वारा है। सोने की चादर से सजाया हुआ यह गुरुद्वारा स्वर्ण मंदिर कहलाता है।

चीनी : क्या पंजाब के लोग मुख्य रूप से सिख के अनुयायी हैं?

भारतीय: जी हाँ, और कुछ लोग हिन्दू के अनुयायी हैं।

चीनी : पंजाब की पोशाक के बारे में कुछ बताइये।

भारतीय: पंजाब के लोग मुख्य रूप से सिख और हिन्दू हैं। सिख दाढ़ी, मूंछें तथा सिर पर बाल रखते हैं, कंगन और पगड़ी पहनते हैं। वहाँ की स्त्रियों की पोशाक सलवार, कमीज़ और दुपट्टा है। शहरों में स्त्रियां साड़ी भी पहनती हैं।

चीनी : पंजाब के प्रमुख त्योहार कौन से हैं?

भारतीय: प्रमुख त्योहार लोहड़ी और बैसाखी हैं। वहाँ का प्रसिद्ध लोक नृत्य भांगड़ा है।

चीनी : अच्छा, धन्यवाद।

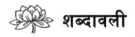

शब्दावली

(क)

चींटी（阴）蚂蚁

ठंड（阴）寒，冷

ऋतु（阴）季节

में लगना（不及）从事

देवी（阴）女神，女士
इकट्ठा（形）收集的，采集的
---करना（及）收集，采集
मनोहर（形）迷人的，吸引人的
प्रभात（阳）黎明，拂晓
वृक्ष（阳）树
हरियाली（阴）绿色
खेत（阳）田地，土地
रौनक（阴）繁荣，光亮
विचित्र（形）奇异的
आसमान（阳）天空
लालिमा（阴）红色
व्यस्त（形）忙的
कीड़ा（阳）昆虫
पुष्प（阳）花，花卉
आनंद（阳）幸福，快乐
---मनाना（及）享受

प्रसन्नता（阴）高兴
सावन（阳）印历五月
घोंसला（阳）鸟巢
दुबकना（不及）躲藏
लेटना（不及）躺下
दिन（阳）日子，白天
---काटना（及）度日
छटपटाना（不及）着急，焦躁
पंख（阳）翅膀
भीगना（不及）湿透
तड़पना（不及）焦急不安
टूटना（不及）断裂
मानना（及）接受，承认
दया（阴）仁慈，可怜
---आना（不及）可怜
साहस（阳）勇气
---करना（及）鼓起勇气

（ख）

समतल（形）平坦的
अमृतसर（地名）阿姆利则
सिख（阴）锡克教，锡克教徒
पवित्र（形）神圣的
गुरुद्वारा（阳）锡克教寺庙
स्वर्ण（阳）黄金

सजाना（及）装饰
मंदिर（阳）寺庙
अनुयायी（阳）信徒，追随者
पोशाक（阴）服装
मूंछ（阴）胡子
सलवार（阴）窄腿裤

दुपट्टा（阳）披巾，围巾　　भांगड़ा（阳）彭格拉舞
लोहड़ी（阳）拜火节　　　　पंजाब（阳）旁遮普
बैसाखी（阴）春节

 व्याकरण

1. 过去分词

过去分词表示在句中主要动词以前动作已完成，而其状态尚存在。及物动词的过去分词有时有被动意义。

2. 过去分词的构成形式

过去分词的形式为动词过去时形式加 होना 的过去时形式（阴性变化时无单数与复数之分）。

现以 आना 和 देखना 为例，列表如下：

动 词	阳 性		阴 性
	单 数	复 数	单数与复数
आना	आया हुआ	आये हुए	आयी हुई
देखना	देखा हुआ	देखे हुए	देखी हुई

करना, जाना, देना, पीना, लेना 和 होना 是不规则的，其变化形式与过去时是一样的。

3. 过去分词的用法

过去分词在句子中可以作定语、表语、状语、主语、宾语补语等。作定语、表语、宾语补语等时有 आ-ए-ई 的变化，作状语和

主语时一般用阳性复数形式，亦可以有 आ-ए-ई 的变化，还可以叠用。过去分词的 हुआ, हुए, हुई 可以省略。

（1）作定语：

उस के पास बैठी हुई लड़की कौन है?

坐在他身边的姑娘是谁？

क्या आपने प्रेमचन्द का लिखा हुआ उपन्यास "गोदान" पढ़ा है?

您读过普列姆昌德写的小说《戈丹》吗？

（2）作表语：

किताब मेज़ पर रखी हुई है।

书在桌子上放着。

रवि और गीता इस समय बाहर बैठे हुए हैं।

拉维和吉达正在外面坐着。

（3）作状语：

अध्यापक हाथ में किताब लिए हुए आ रहे हैं।

老师手里拿着书来了。

झांसी की रानी लक्ष्मीबाई ने अपने बच्चे को पीठ से बांधे हुए अंत तक लड़ाई लड़ी थी।

章西女皇把孩子捆在背上，一直战斗到最后。

वे लोग बैठे-बैठे बातें कर रहे हैं।

他们正坐着谈话。

（4）作主语：

मरे हुए जीवित नहीं होते।

人死不能复生。

बिछुड़े हुए भी कभी कभी मिल जाते हैं।

走失的人有时可以找到。

（5）作宾语补语：

उस समय आप मुझे गिरा हुआ समझते थे?

当时您认为我跌倒了。

मैंने तुम्हारे कमरे की खिड़की खुली देखी, इसलिये मैं ऊपर आया।

我发现你的房间窗户开着，所以就上来了。

（6）过去分词与 आना, चलना, जाना, पड़ना, फिरना, रहना 等连用表示不同的意思。

रमेश लगातार दौड़ा आया।

罗梅希一口气跑来了。

सबेरे के आठ बजे से क्या पढ़े-लिखे जा रहे हो?

从早上八点钟你一直在学什么？

यह दुखी खबर सुनकर राधा बैठी न रह सकी।

听到这不幸的消息，拉塔再也坐不住了。

4. 后置词 के साथ

（1）放在代词和有些名词后面，表示"和……""跟……""同……一起"等。例如：

तुम चाहो, तो भौंरे के साथ खेलो।

假如你愿意，就去和黑蜂玩吧！

सुनील हर रोज़ अपने भाई के साथ स्कूल जाता है।

苏尼尔每天同他兄弟一起去上学。

（2）表示同时：

वे एक प्रसिद्ध वैज्ञानिक हैं। इसके साथ वे कवि भी हैं।

他是一位著名的科学家，同时又是诗人。

वे अध्ययन के साथ साथ प्रयोग भी करते हैं।

他们在学习的同时还做实验。

（3）表示动作方式，常和抽象名词连用：

राम अक्सर दूसरों की मदद उत्साह के साथ करता है।

拉姆经常热情地帮助他人。

शीघ्रता के साथ यह काम समाप्त करो।

马上完成这项工作吧！

 अभ्यास

1. 语音练习：

इ, ई --- चींटी देवी हरियाली लालिमा बेवकूफ़ी कीड़ा भूमि
       भीगना बिल्कुल

उ, ऊ --- ऋतु दुबकना भूमि टूटना बेवकूफ़ी गुफ़ा

ओ,औ---मौसम मनोहर घोंसला

म --- मौसम मनोहर मनाना भूमि मानना आसमान लालिमा

स --- वसन्त आसमान मौसम प्रसन्नता सावन घोंसला सेवा साहस

词组

चावल का दाना,   काम में लगे हुए,   कितना मनोहर और सुहावना,

प्रभात का समय,   अजीब हरियाली,   विचित्र लालिमा,   काम में व्यस्त,

पुष्पों का मीठा रस,   साहस कीजिये,   मज़े से दिन काटती थी,

भूख से तड़पना,   अच्छे दिनों में,   तितली पर दया आई

句子

(1) एक चींटी चावल का दाना मुंह में लिए जा रही थी।

(2) वृक्षों पर विचित्र हरियाली है, खेतों में अजीब रौनक है, आसमान पर विशेष प्रकार की लालिमा है।

（3）यदि कल वर्षा होगी, तो मेरे बच्चे भूखे मरेंगे।

（4）पक्षी अपने घोंसलों में दुबके हुए बैठे थे।

（5）एक तितली भूमि पर पड़ी हुई छटपटा रही थी।

（6）चींटी को तितली पर दया आई।

（7）बहन, आप जाइये, मुझे यहां ऐसे ही रहने दीजिये।

2. 回答问题：

（1）एक तितली ने किस को काम में लगे हुए देखा, और उससे क्या कहा?

（2）जब चींटी अपना खाना इकट्ठा कर रही थी, उस दिन का मोसम कैसा था?

（3）चींटी ने क्यों तितली से कहा कि तुम चाहो, तो भौंरे और दूसरे जीवों के साथ खेलो?

（4）बरसात के मौसम में पक्षी किस तरह दिन काटते थे?

（5）तितली क्यों भूख से तड़प रही थी?

（6）क्या तितली ने अपनी गलती（错误）मानी? उसने चींटी से क्या कहा?

3. 造句：

（1）में लगना

（2）में व्यस्त होना

（3）प्रसन्नता से

（4）तड़पना

（5）सेवा करना

（6）साहस करना

（7）इकट्ठा करना

（8）आनन्द मनाना

（9）दिन काटना

（10）आवाज़ देना

（11）दया आना

（12）मानना

4. 用括号里动词的分词填空：

（1）सब विद्यार्थी__________हैं। （खड़ा होना）

（2）रमेश ने अपनी टोपी__________कहा। （उतारना）

（3）चोर________जा रहा है। （भागना）

（4）तुम अच्छी तरह________कहो। （सोचना）

（5）यह गुप्ता की________किताब है। （लिखना）

（6）खाना________समय अख़बार मत पढ़ो। （खाना）

（7）यह बात________वह रोने लगी। （सुनना）

（8）वह आदमी कुर्सी पर__________चाय पी रहा है। （बैठना）

（9）मेज़ पर________सेव मेरे हैं। （रखना）

（10）मैं मैदान में__________ （बैठना） बच्चे को खेलते देख रही थी।

5. 翻译下面的句子：

（1）她唱着歌来了。

（2）这是几千年前写的书。

（3）穿红衣服的姑娘是拉维的妹妹。

（4）今天早上我看见你母亲忙着为你洗衣服。

（5）如果我考试不及格，我父亲就不让我再读了。

（6）躺着看书对眼睛不好。

（7）快把湿衣服脱掉，否则会感冒的。

（8）假如你愿意，就叫他来。

（9）你让我想想，该怎么回答他的问题。

6. 翻译下面的句子：

（1）शायद स्त्रियां बच्चों की देखभाल（照看）करने के लिये घर पर रहती होंगी।

第十二课　बारहवां पाठ

(2) त्योहार आने पर गांव के सब लोग इकट्ठे होकर गीत गाते, नाचते और खुशियाँ मनाते हैं।

(3) उसने अध्यापक से ज़रूरी बात की होगी।

(4) रमेश के कपड़े यहाँ रखे हुए हैं।

(5) यह मरा हुआ आदमी कौन है?

(6) नीचे पड़ी हुई किताब उठाकर मुझे दे दो।

(7) बाहर बैठे हुए लड़के को अन्दर बुलाओ।

(8) ये कपड़े राम ने ही सीता को दिये होंगे।

(9) उसके पिता ने सामान कलकत्ता भेज दिया होगा।

7. 用分词改写下列句子：

(1) बस चल रही है। उस बस से एक बच्चा गिर गया।

(2) जब पढ़ते हो, तब इधर-उधर मत देखो।

(3) महंगाई बढ़ रही है। इससे लोग चिंतित हैं।

(4) हम सब ने उस चोर को देखा। चोर भाग रहा था।

(5) जब यहां से जाओगे, तब मुझ से मिलो।

(6) यह औरत चोरी कर रही थी। उसने देख लिया।

(7) भूख से लोग मर रहे हैं। उनको अनाज दीजिये।

(8) जब घर जाओगे, तब यह पत्र डाक में डाल देना।

(9) जब वसंत अपराध（犯罪）की ओर बढ़ते हैं, उन्हें रोक देना चाहिये।

8. 改错：

(1) कुमार ने बहुत शराब पी, इसलिये वह दौड़ नहीं सकती।

(2) अगर आप कुछ नहीं करोगे, तो आपकी बदनामी（坏名声）होगी।

(3) मेरी इच्छा मेरी पत्नी से मिलने की है।

（4）तुम तुम्हारे घर चले जाओ।

（5）शर्मा शेर देखकर घबरा आया।

（6）वह मकान बिल्कुल फटे हुए हैं।

（7）इस में आश्चर्य मनाने की क्या बात?

（8）जुकाम के कारण उसने खांसी की।

（9）तुम से अधिक कहना कर क्या करूं।

（10）मैंने यह पाठ पढ़ चुका।

（11）आनंद सोते हुए खा रहा है।

9. 按照例句改写下列句子：

कमरे में छात्र बैठा हुआ है, वह रमेश है। → कमरे में बैठा छात्र रमेश है।

（1）उस औरत के बाल बिखरे हुए हैं। उसका मस्तिष्क ठीक नहीं है।

（2）उस बूढ़े की कमर झुकी हुई है, वह कृष्ण का भाई है।

（3）लड़की बाहर लेटी हुई है। वह कौन है?

（4）वे चिट्ठियां नीचे पड़ी हुई हैं। उन्हें इकट्ठा कर लो।

（5）यह किताब मेज़ पर रखी हुई है। यह किस की है?

10. 用怀疑语气改写下列句子：

दिनेश कल आया था। → शायद दिनेश कल आया होगा।

（1）ये लोग रोज़ टैक्सी से आते हैं।

（2）कल शीला यहां आयी थी।

（3）गोपाल और मधु इस विश्वविद्यालय में पढ़ते हैं।

（4）सीता को बाज़ार में यह साड़ी नहीं मिली।

（5）रवि बम्बई से लौट आया है।

（6）उन को पैसों की जरूरत थी, इसलिये उन्होंने मकान बेच दिया।

第十二课　बारहवां पाठ

11. 将下面的短文译成印地语：

有一个人很不会说话，所以大家都不喜欢他。有个富人修了一座漂亮的楼房，那人去参观。他走到楼门口敲门（खटखटाना），没有人答应，于是他就大声骂起来："这幢楼修得像座坟墓，是死人的住宅吗？"富人听了立刻走了出来，生气地问他："我这幢楼花了几十万卢比才修成，你怎么说这样的话？"那人说："这幢楼要卖，只能给你几千卢比，为什么要那么大价钱？"富人气愤地（क्रोध में आना）说："我没有想卖，谁让你给价钱了？"那人说："你如果卖了，还能得几千卢比。如果不卖，着了火（जलना）会一钱不值。"富人站在楼门口，气得说不出话来。

12. 分析下列句子：

（1）एक चींटी चावल का दाना मुंह में लिए हुए जा रही थी।

（2）तुम चाहो तो भौंरे के साथ खेलो।

（3）वह अपने बच्चों के साथ चावल खाती थी और मज़े से दिन काटती थी।

（4）बहन, मेरे पंख टूट गए हैं और मैं ज़रा भी नहीं हिल-डुल सकती।

（5）साहस कीजिये, मेरे बिल में आइये, सब कुछ ठीक हो जाएगा।

13. 背诵全篇课文。

14. 阅读练习：

दो मित्र

दो मित्र थे। एक का नाम था मोहन और दूसरे का सोहन। एक बार वे दोनों दूसरे गांव जा रहे थे। रास्ते में जंगल था। दोनों ने कहा:"यदि कोई मुसीबत आई तो हम एक दूसरे की सहायता करेंगे।"

वे दोनों चलते गये, चलते गये। उन्होंने एक भालू देखा। भालू को देखते ही मोहन एक पेड़ पर चढ़ गया। पर सोहन को पेड़ पर चढ़ना नहीं आता था। जब भालू पास आ गया, तो सोहन झटपट धरती पर लेट गया। उसने अपनी सांस रोक ली। भालू ने पास आकर उसे सूंघा। भालू सोहन को मरा हुआ समझकर वहां से चला गया। बात यह है कि भालू मरे हुए आदमी का मांस नहीं खाता।

जब भालू चला गया, तो मोहन पेड़ से नीचे उतरा। उसने सोहन से पूछाः "मित्र। तुम्हारे कान में भालू क्या कह रहा था?"

सोहन ने कहाः "मोहन। भालू मेरे कान में कह रहा था---कभी मतलबी मित्र पर भरोसा न करो।"

भालू（阳）熊
झटपट（副）立刻
सांस（阴）呼吸
सूंघना（及）闻，嗅

मांस（阳）肉
मतलबी（形）只顾自己的
भरोसा（阳）相信
पर---करना（及）相信

第十三课　तेरहवां पाठ

पाठ	अनाज और कपास
बातचीत	उत्तरप्रदेश के बारे में (१)
व्याकरण	动词被动语态

पाठ

अनाज और कपास

दुनिया के अधिकांश लोगों का भोजन अन्न पर निर्भर रहता है। उन के खाद्य-पदार्थ अन्न से तैयार किये जाते हैं।

रोटी तो आटे या मैदे से बनाई जाती है। लेकिन आटा या मैदा तो गेहूं, जौ, मक्के या बाजरे से तैयार किया जाता है। भात, दलिया और खीर तो चावल या दूसरे अनाजों से बनते हैं। खाद्य-पदार्थ आम तौर पर सेंककर या भाप देकर पकाये जाते हैं। इस में नमक, चीनी या गुड़ आदि भी मिलाए जाते हैं।

हमें नित्य कुछ अनाज अवश्य खाना चाहिए, क्योंकि इन से हमें तरह तरह के पौष्टिक तत्व मिल सकते हैं।

चूंकि अनेक खनिज पदार्थ और विटामिन इन के छिलकों में होते हैं, इसलिए

हमें इन की भूसी को अलग नहीं करना चाहिए।

संसार के लगभग तीन-चौथाई मनुष्य रूई के कपड़े पहनते हैं और रूई कपास से बनती है।

कपास की फ़सल तैयार होने में लगभग 200 दिन लगते हैं। यह गरम जलवायु में उगती है। चीन, अमरीका और भारत रूई के बड़े उत्पादक देश हैं।

कपास वसंत के आरंभ में बोई जाती है। उसके पौधे तीन फ़ुट या उस से अधिक ऊंचे होते हैं। प्रत्येक फूल से अंडे के बराबर एक बौंड़ी निकलती है। पकने पर यह बौंड़ी चटकती है और खुल जाती है। यह बिल्कुल सफ़ेद और गोल दिखाई देती है।

कपास खेत में से चुन ली जाती है। इस के बाद उनकी रूई से बिनौले अलग कर दिए जाते हैं। रूई कारखाने में भेजी जाती है। उससे कपड़े बनाए जाते हैं और दूसरी चीज़ें भी बनाई जा सकती हैं। बिनौले तो पशुओं को खिलाए जाते हैं। कभी कभी उनसे तेल निकाला जाता है।

भारत में महाराष्ट्र, पंजाब, मध्यप्रदेश, चेन्नई, उत्तरप्रदेश, आंध्रप्रदेश और गुजरात कपास पैदा करने के मुख्य क्षेत्र हैं।

बातचीत

उत्तरप्रदेश के बारे में （१）

चीनी　：क्या आप को इस समय फुर्सत है?

भारतीय：जी हाँ। कहिये।

चीनी　：क्या आप मुझे उत्तरप्रदेश के बारे में कुछ बता सकते हैं?

भारतीय：अवश्य। आप जानते होंगे कि लखनऊ उत्तरप्रदेश की राजधानी है। यह गोमती नदी के किनारे पर बसा है। उत्तरप्रदेश में सब से बड़ी नदी का नाम गंगा है। गंगा की एक प्रमुख सहायक नदी यमुना है। ये दोनों नदियां हिमालय से निकलती हैं।

चीनी : क्या इलाहाबाद गंगा और यमुना के संगम पर बसा है?

भारतीय: जी हाँ। इलाहाबाद में भारत के कोने-कोने से हज़ारों हिन्दू तीर्थयात्री स्नान करने आते हैं। वहां एक बड़ा मेला लगता है। लोग उसे कुंभ का मेला कहते हैं। यह प्रत्येक 12 वर्ष के बाद एक बार होता है।

चीनी : क्या वाराणसी भी उत्तरप्रदेश में है?

भारतीय: जी हाँ। यह भारत का बहुत ही पुराना शहर है। यह गंगा के किनारे पर बसा हुआ है। यह शहर विद्या का केंद्र रहा है।

शब्दावली

(क)

दुनिया（阴）世界
आटा（阳）粗面粉
मैदा（阳）细面粉
जौ（阳）大麦
मक्का（阳）玉米
बाजरा（阳）黍
दलिया（阳）粥
भात（阳）米饭
खीर（阴）牛奶粥
सेंकना（及）烤，烘
भाप（阴）蒸汽
---देना（及）蒸
पकाना（及）煮熟，烤熟
नमक（阳）盐
गुड़（阳）红糖，土糖
नित्य（副）经常
पौष्टिक（形）有营养的
उत्तरप्रदेश（阳）北方邦
आंध्रप्रदेश（阳）安得拉邦
गुज़रात（阳）古吉拉特邦
रूई（阴）棉花
बोना（及）播种
पौधा（阳）苗，秧
प्रत्येक（形）每一个
बौंड़ी（阴）棉桃，棉铃
चटकना（不及）（花）开放，裂开
गोल（形）圆的，圆形的
चुनना（及）挑选，采摘

बिनौला（阳）棉籽

पशु（阳）动物，牲畜

खिलाना（及）喂（食物），使吃

तेल（阳）食油，油

महाराष्ट्र（阳）马哈拉施特拉邦

चूंकि（连）因为

विटामिन（阳）维生素

छिलका（阳）皮，果皮

उगना（不及）生长

भूसी（阴）糠

चौथाई（阴）四分之一

（ख）

सहायक（形）分支的

（阳）助手

संगम（阳）汇合处

कुंभ（阳）沐浴节，贡浦节

मेला（阳）庙会

विद्या（阴）学术，学问

व्याकरण

1. 动词的被动语态

被动语态是动词的一种特殊形式，表示句子中的主语是动作的受事，也就是动作的对象。一般说来，只有需要动作对象的及物动词才有被动语态。汉语往往用“被”“受”“给”等词来表示被动意义。

2. 被动语态的构成

被动语态是在动词过去时形式（阴性复数最后一个音节里的鼻音应去掉）后加 जाना 构成的。

हम से किताबें खरीदी जा रही हैं।

书正在被我们买。

मज़दूरों से नयी इमारत बनायी जा रही है।

新楼房正在被工人们建造。

छात्रों के द्वारा भोजन किया गया।

饭被学生们吃了。

第一句中的动词 खरीदना 是被动语态，其主语 किताबें 是动作的接受者，施事 हम 后面要带后置词 से 或 के द्वारा，在句子中成为次要成分。被动语态的性、数、人称要与被动语态的主语一致。

现以 देखना 为例，列表如下：

阳 性		阴 性	
单数	复数	单数	复数
देखा जाना	देखे जाना	देखी जाना	देखी जाना

加在动词后的 जाना 根据动词在句中表示的时间、语气等的不同而有不同的变化。如 देखना 的现在时和将来时的被动语态为：

代 词	阳性	阴性
मैं	देखा जाता हूँ	देखी जाती हूँ
	देखा जाऊंगा	देखी जाऊंगी
तू, वह, यह	देखा जाता है	देखी जाती है
	देखा जाएगा	देखी जाएगी
हम, आप, वे, ये	देखे जाते हैं	देखी जीती हैं
	देखे जाएंगे	देखी जाएंगी
तुम	देखे जाते हो	देखी जाती हो
	देखे जाओगे	देखी जाओगी

3. 被动语态的用法

（1）强调受事，施事也可以提及，但不作句子的主语。例如：

मुझ से रमेश को यह किताब दी गयी।

这本书是我送给罗梅希的。

आधुनिक गाने युवक-युवतियों के द्वारा गाये जाते हैं।

现在流行歌曲是年青人唱的。

भात उन लोगों से नहीं खाया गया है।

米饭没有被他们吃。

（2）不必提及施事，或不知道施事。例如：

लेख लिखा गया है।

文章写好了。

कहा जाता है कि कल शाम को हिन्दी फ़िल्म "शौले" दिखाई जाएगी।

听说明天晚上上演印地语电影《复仇的火焰》。

लड़के वहाँ बुलाए जाएंगे।

孩子们将被叫到那里去。

（3）被动语态可以表示能力，多用于否定句。例如：

मुझ से इतनी रोटियाँ नहीं खायी जातीं।

这么多的烙饼我可吃不了。

ऐसी बात मत कहो, मुझ से सुनी नहीं जाती।

别说这样的话啦，我可再也听不下去了。

4. 主动语态变为被动语态的规则

一般来说，如果谓语动词是及物动词的主动语态，该句子有可能变为被动语态。在主动语态变为被动语态时，必须改变句子的结构和谓语动词的结构。

（1）改变句子的结构：

① 主动语态的主语变为被动语态的施事，后面要用后置词 से 或 के द्वारा。如果原句中主语后面带后置词 ने，将后置词 ने 变为后置词 से 或 के द्वारा。被动句中的施事常常省略。

② 主动语态句中的宾语如果不带后置词，该宾语变为被动语态的主语时，其形式不变，动词的性、数、人称随其变化。主动语态中的宾语后面带有后置词 को 的，变被动语态时，后置词 को 可带亦可不带。如带后置词 को，动词用第三人称阳性单数形式。

③ 主动语态的宾语后面带其它后置词的变为被动语态时仍保留其后面的后置词。

（2）改变谓语动词的结构，也就是把谓语动词由主动语态变为被动语态的形式（请参看被动语态的构成）。

अभ्यास

1. 语音练习：

इ ,ई --- दुनिया दलिया खीर मिलाना विटामिन भूसी बिनौला खिलाना इलाका छिलका चौथाई रूई

ओ ,औ --- जौ बोना पौधा बौंड़ी गोल बिनौला चौथाई

त ,द --- दुनिया मैदा भात दलिया तेल

न ,ल --- दुनिया दलिया मिलाना छिलका खुलना गोल खिलाना इलाका चुनना

复合辅音

नित्य मक्का पौष्टिक उत्पादक प्रत्येक महाराष्ट्र उत्तरप्रदेश

词组

अनाज पर निर्भर रहता है, आटे या मैदे से, तरह तरह की पौष्टिक चीजें, सेंकने से या भाप देने से पकाये जाते हैं, तीन-चौथाई, सब से बड़े उत्पादक देश, अंडे के बराबर एक बौंड़ी

2. 回答问题：

(1) दुनिया के अधिकांश लोगों का भोजन किस चीज़ पर निर्भर रहता है?

(2) रोटी कैसे बनाई जाती है?

(3) खाद्य-पदार्थ कैसे पकाये जाते हैं?

(4) लोगों को क्यों अनाज अवश्य खाना चाहिये?

(5) हमें कुछ अनाजों की भूसी को अलग क्यों नहीं करना चाहिये?

(6) कपास कैसे उगती है? उसकी फ़सल तैयार होने में कितने दिन लगते हैं? और किस समय बोई जाती है?

(7) कपास को खेत में से चुनकर कहाँ भेजा जाता है, और रूई से क्या क्या बनाया जाता है?

(8) भारत में कपास कहाँ कहाँ पैदा होता है?

(9) क्या बिनौला उपयोगी है?

(10) यह पाठ पढ़कर हमें मालूम हुआ है कि अनाज किसानों से मुश्किल से पैदा किया जाता है। हमें अनाज बर्बाद नहीं करना चाहिये। आप का क्या विचार है?

3. 造句：

(1) निर्भर रहना   (3) पकाना

(2) सेंकना   (4) अलग करना

(5) खिलाना
(6) चुनना
(7) भाप देना
(8) मिलाना
(9) ---चौथाई
(10) के बराबर

4. 写出下列动词的被动语态：

动词	阳性单数	阳性复数	阴性
करना			
खाना			
चलाना			
देना			
निकालना			
पढ़ना			
पढ़ाना			
बताना			
लेना			
सुनना			

5. 将下列句子由主动语态变为被动语态：

(1) हमें देश का विकास करना चाहिये।
(2) सरकार हर साल कई स्कूल-कालेज खोलती है।
(3) डाकुओं ने घरों को लूट लिया।
(4) हो सकता है उसने सामान घर भेज दिया हो।
(5) शीला रोज़ देर से अपने बच्चे को स्कूल छोड़ती होगी।
(6) मैंने आज का जन-दैनिक अख़बार (《人民日报》) नहीं पढ़ा है।

（7）आपकी बहन ने यह कविता पिछले साल पढ़ी थी।

（8）गोपाल ने वहाँ रहने की कोशिश की है।

（9）श्रीमान् और श्रीमती डबास कल यहाँ खाना खाएंगे।

（10）शर्मा जी ने दुकान बन्द कर दी।

（11）सीता चाय बना रही है।

（12）मज़दूर मकान बना रहे हैं।

（13）ड्राइवर गाड़ी चलाते हैं।

（14）हमने एक नयी इमारत देखी है।

（15）पुलिस ने चोर को नहीं छोड़ा।

6. 翻译下面的句子：

（1）玉米和豆子都已经播种了。

（2）所有的衣服都洗完了。

（3）拉姆的信被她撕了。

（4）我们在印度受到了热烈的（हार्दिक）欢迎。

（5）《印地语—汉语辞典》正在由老师们努力编写。

（6）普列姆昌德的小说几乎全被译成了中文。

（7）别动，这点心不能吃！

（8）北京近几年来发生了很大变化，一座座高楼拔地而起。

7. 翻译下面的句子：

（1）भारत में होली का त्यौहार हजारों साल से मनाया जाता है।

（2）हमारी कंपनी में बिजली（电）की चीजें ठीक की जाती हैं।

（3）वह चीज़ आठ बजे उठाई जाएगी।

（4）हर हफ़्ते तीन फ़िल्में दिखाई जाती हैं।

（5）आप को जल्दी ही सूचना (通知) दी जाएगी।

（6）विद्यार्थियों को हर बुधवार कहानियाँ सुनायी जाती हैं।

（7）गोपाल को पत्र भेज दिये जाते हैं।

（8）दूसरे महायुद्ध में कितने सैनिक मारे गये थे?

（9）क्या परीक्षा की बहुत तैयारी की जा रही है?

8. 填空：

（1）इस कारखाने में टेलीविज़न_____। (बनाना)

（2）हमारे देश में हर साल वसंत का त्यौहार_____। (मनाना)

（3）कल शाम को यहाँ मेहमानों की एक दावत (宴会) थी। उसमें लगभग बीस मेहमानों को_____। (बुलाना)

（4）गुप्ता का सामान ठीक तरह से_____। (पहुंचा देना)

（5）जब नयी किताबें आएँगी, तो आप के पास_____। (भेजना)

（6）दिन में तीन बार बच्ची को दूध_____। (देना)

9. 将下面的短文译成印地文：

一只饥饿的狮子在森林里转来转去，四处寻找食物。它走着走着，觉得精疲力尽，肚子更饿了。突然，它发现不远的地方有一个山洞。狮子想：这山洞里肯定有动物。好，我就藏在旁边的树后面 (पेड़ की ओट में)，只要动物一出来，我就能抓住它。可是狮子等了好久，没有看见任何动物从洞里出来。这时狮子想：很可能它们都外出了。我应该到山洞里去等，只要它一进洞，就把它吃掉。于是狮子就钻进山洞，藏在一个角落里。

原来这个山洞里住着一只狼，不久，狼就回来了。狼走到洞口，发现有动物的脚印 (पैर का चिह्न)。这些脚印看起来是个大而凶恶的动物的脚印。现在马上进洞有危险。狼非常狡猾，它大声喊道："山洞，喂，山洞！"但是没有任何回答。狼又喊道："喂，我的山洞，你为什么不说话？难道你死了吗？我每次回来，你都欢迎我，今天你这是怎么了？如果你不回答，我可要去别的山洞了。"狼的这些话狮子全都听见了，它想：这山洞不欢迎狼，因为我在这里，可能山洞害怕了。要是再不回答狼的问话，它准会走的。于是狮子高兴地说道："来吧，来吧，欢迎你，我亲爱的朋友。"狡猾的狼一听狮子的声音，赶快逃之夭夭。

10. 分析下列句子：

（1）आटा या मैदा तो गेहूँ, जौ, मक्के या बाजरे से तैयार किया जाता है।

（2）हमें नित्य कुछ अनाज अवश्य खाना चाहिये, क्योंकि इससे हमें तरह तरह के पौष्टिक तत्व मिल सकते हैं।

（3）चूंकि अनेक खनिज पदार्थ और विटामिन इसके छिलकों में होते हैं, इसलिये हमें इन भूसी को अलग नहीं करना चाहिये।

（4）कपास की फ़सल तैयार होने में लगभग 200 दिन लगते हैं।

（5）प्रत्येक फूल से अंडे के बराबर एक बौंड़ी निकलती है।

（6）भारत में महाराष्ट्र, पंजाब, मध्यप्रदेश, मद्रास, उत्तरप्रदेश, आंध्रप्रदेश और गुजरात कपास पैदा करने के मुख्य क्षेत्र हैं।

11. 背诵全篇课文。

12. 阅读练习：

दशहरा

दशहरा भारत का बहुत बड़ा त्यौहार है। इस त्यौहार का नाम सुनते ही भारतीय लोगों का मन प्रसन्नता से खिल जाता है। इस दिन राम ने रावण को मारकर धरती से पाप का नाश किया था। इसीलिए इस दिन को इतनी धूम-धाम से मनाया जाता है।

इस दिन में हर एक नगर या गाँव के एक बड़े मैदान में रावण, कुम्भकर्ण और मेघनाद के पुतले खड़े किए जाने हैं। उधर भगवान राम और लक्ष्मण की सवारी आती है। उनके पीछे-पीछे हनुमान अपनी वानर सेना के साथ आते हैं। जब सवारी मैदान में पहुंच जाती है, तब हनुमान जी मैदान में बनी लंका को आग लगा देते हैं। यह नकली लंका क़ाग़ज़ और बांस आदि की बनाई हुई होती है।

उसी समय राम-लक्ष्मण की सवारी आगे बढ़ती है, तब राम अपने बाण चलाते हैं। बाण रावण और कुम्भकर्ण के पुतलों में लगते हैं। लक्ष्मण भी मेघनाद के पुतले में बाण मारते हैं। इसी समय एक-एक पुतले में आग लगा दी जाती है।

जब पुतले जलने लगते हैं, तो उनमें से पटाखे छूटने लगते हैं। आतिशबाज़ी भी छूटने लगती है। बड़े-बड़े अनार चलने लगते हैं। बड़े-बड़े आग के चक्कर घूमने लगते हैं। ऐसे लोगों का बहुत मनोरंजन होता है। जब पुतले जलते हैं, तो चारों ओर लोग ही लोग दिखाई पड़ते हैं। लोग नए कपड़े पहने हुए हैं। वे बहुत प्रसन्न दिखाई देते हैं। वे मिठाइयाँ, पूरी-कचौरी और चाट-पकौड़ी आदि खाते हैं। कुछ लोग फल आदि खाते हैं।

जब उत्सव समाप्त हो जाता है, तब सब ओर लोगों की भारी भीड़ दिखाई पड़ती है। लोग खुशी-खुशी अपने-अपने घरों को लौट जाते हैं।

दशहरा（阳）十胜节
राम（阳）罗摩（印度教的一位神）
रावण（阳）楞伽王
पाप（阳）罪孽

नाश（阳）消灭，消除
का---करना（及）消灭，消除
धूम-धाम（阴）热闹
कुम्भकर्ण（阳）恭波迦罗那
　　　　　　（楞伽王之弟）
मेघनाद（阳）楞伽王之子
पुतला（阳）化身；草人
लक्ष्मण（阳）罗奇曼
सवारी（阴）一队人马
हनुमान（阳）（猴王）哈努曼
वानर（阳）猴子
लंका（阳）楞伽（今斯里兰卡）
बांस（阳）竹子
बाण（阳）箭
---मारना（及）射箭

जलना（不及）燃烧
पटाखा（阳）爆竹
छूटना（不及）飞舞
आतिशबाज़ी（阴）烟火
अनार（阳）榴弹
चक्कर（阳）旋转
मनोरंजन（阳）娱乐
पूरी（阴）油炸的小薄饼
कचौरी（阴）馅饼
चाट（阳）冷盘
पकौड़ी（阳）用豆粉做的炸丸子
उत्सव（阳）节日
भारी（形）强大的；众多的
नकली（形）假的

第十四课　चौदहवां पाठ

पाठ	हिन्दू धर्म
बातचीत	उत्तरप्रदेश के बारे में (२)
व्याकरण	1. 关系代词
	2. जो 带后置词形式
	3. 关系副词

 पाठ

हिन्दू धर्म

भारत में बहुसंख्यक लोग हिन्दू धर्म के अनुयायी हैं। इन के अलावा यहां इस्लाम, बौद्ध, ईसाई, पारसी आदि धर्मों के अनुयायी भी हैं।

हिन्दू लोग तीन देवताओं को अपने मुख्य देवता मानते हैं। पहले देवता का नाम ब्रह्मा है, जो सृष्टि की रचना करते हैं। दूसरे देवता का नाम विष्णु है, जो पालन और कल्याण करते हैं। तीसरे देवता का नाम शिव है, जो संहार करते हैं।

हिन्दू लोग गाय की माता के समान पूजा करते हैं और गंगाजल को बड़ा पवित्र मानते हैं। वे तुलसी के पौधे को भी बड़ा पवित्र मानते हैं।

हिन्दू धर्म की दो विशेषताएं हैः कर्मफल का सिद्धांत और पुनर्जन्म में विश्वास।

हिन्दू धर्म के कई संप्रदाय हैं, जिनमें वैष्णव और शैव मुख्य हैं। जो लोग विष्णु की पूजा करते हैं, वे वैष्णव कहलाते हैं। जो लोग शिव की पूजा करते हैं, वे शैव कहलाते हैं।

हिन्दू धर्म में सहिष्णुता और अहिंसा को मुख्य माना जाता है। चारों वेद और भगवद्गीता हिन्दुओं के धर्म-ग्रंथ हैं।

जाति-व्यवस्था भी हिन्दू धर्म का एक अंग है, जो वर्ण-व्यवस्था भी कहलाती है। इस व्यवस्था के अनुसार हिन्दू लोगों को चार जातियों में विभाजित किया गया हैः ब्राहमण, क्षत्रिय, वैश्य और शूद्र। लेकिन आजकल आधुनिकता का प्रभाव बढ़ रहा है और यह व्यवस्था धीरे-धीरे समाप्त हो रही है।

भारत में अनेक बड़े प्रसिद्ध मंदिर हैं। जहां राम, कृष्ण, शिव, काली, दुर्गा आदि देवताओं या देवियों की पूजा की जाती है। प्रयाग, वाराणसी आदि हिन्दुओं के प्रसिद्ध तीर्थस्थान हैं।

बातचीत

उत्तरप्रदेश के बारे में (२)

चीनी : क्या वहाँ कोई तीर्थस्थान है?

भारतीयः अवश्य। वाराणसी के पास में सारनाथ है। यहाँ महात्मा बुद्ध का स्तूप है। और चार शेरों वाला अशोक स्तंभ है। इसका चित्र भारत के सिक्के पर होता हैं।

चीनी : भगवान श्रीकृष्ण की जन्मभूमि मथुरा के पास आगरा है?

भारतीयः जी हाँ। आप को मालूम होगा कि आगरा में ताजमहल शाहजहां ने बनवाया था। दुनिया की सब से खूबसूरत यह इमारत बेगम मुमताजमहल की याद में बनाई गई थी।

चीनी : क्या कानपुर उत्तरप्रदेश का सब से बड़ा शहर है?

भारतीय: जी हाँ, कानपुर लखनऊ के पास है। वह भारत में चीनी की सब से बड़ी मंडी है। वहाँ हर तरह की सूती और ऊनी कपड़ा बनाने की बड़ी-बड़ी मिलें हैं। चमड़े की चीज़ें भी वहाँ बनती हैं। बड़ा ही सुन्दर है कानपुर शहर।

चीनी : आज देर हो गई। बस यहाँ तक। नमस्कार।

भारतीय: फिर मिलेंगे।

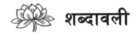

शब्दावली

(क)

हिन्दू（阳）印度教；印度教徒

बहुसंख्यक（形）多数的

इस्लाम（阳）伊斯兰教

बौद्ध（阳）佛教

पारसी（阳）拜火教；拜火教徒

देवता（阳）神，天神

ब्रह्मा（阳）大梵天

सृष्टि（阴）宇宙

विष्णु（阳）毗湿奴

कल्याण（阳）幸福，福利

शिव（阳）湿婆

संहार（阳）屠杀；杀害；毁灭

---करना（及）屠杀；杀害；毁灭

के समान（后）像……一样

गंगाजल（阳）恒河水

तुलसी（阴）杜勒西（药用植物）

विशेषता（阴）特点

कर्मफल（阳）因果报应

पुनर्जन्म（阳）转世；轮回

संप्रदाय（阳）教派

वैष्णव（阳）毗湿奴派教徒

शैव（阳）湿婆派教徒

सिद्धान्त（阳）理论

सहिष्णुता（阴）耐心，宽容

अहिंसा（阴）不杀生，非暴力

वेद（阳）吠陀

भगवद्गीता（阳）《薄伽梵歌》

धर्म-ग्रंथ（阳）宗教经典

जाति-व्यवस्था（阴）种姓制度

वर्ण-व्यवस्था（阴）种姓制度

विभाजित（形）被区分的，
　　　　　　被分开的
---करना（及）区分，分开
ब्राह्मण（阳）婆罗门
क्षत्रिय（阳）刹帝利
वैश्य（阳）吠舍
शूद्र（阳）首陀罗

आधुनिकता（阴）现代，当代
राम（阳）罗摩神
कृष्ण（阳）克里什纳，黑天神
काली（阴）时母，迦利女神
दुर्गा（阴）难近母，杜尔迦女神
प्रयाग（地名）普尔亚格
तीर्थस्थान（阳）圣地

（ख）

सारनाथ（地名）鹿野苑
बुद्ध（阳）佛陀
स्तूप（阳）塔
शेर（阳）狮子
अशोक（人名）阿育王
स्तंभ（阳）柱子

सिक्का（阳）钱币
मथुरा（地名）马土腊
कानपुर（地名）坎普尔
सूती（形）棉织的
ऊनी（形）毛的

 व्याकरण

1. 关系代词

　　关系代词 जो 用来引导定语从句，它一方面在从句中可作宾语、定语等，另一方面它又代表主句中为定语从句所修饰的那个名词或代词。例如：

　　रवि मेरा छोटा भाई है, जो बेइजिंग विश्वविद्यालय में पढ़ता है।
　　拉维是我弟弟，他在北京大学学习。

　　从上面的例句可以看出，जो 连接主语 "रवि मेरा छोटा भाई है"

第十四课　चौदहवां पाठ

及从句 "बेइजिंग विश्वविद्यालय में पढ़ता है" 构成主从复合句。जो 在从句中作主语，它又修饰主句的 रवि。为了掌握 जो 的用法，应注意以下几个方面：

（1）जो 的性、数与主句中所修饰的词是一致的。例如：

जो लड़की यहाँ रहती है, वह आजकल बाहर गयी है।

住在这里的那个姑娘最近外出了。

वे लोग आज फिर आये हैं, जो कल यहाँ आये थे।

昨天来的那些人今天又来了。

आप ने मुझे जो पर्स दिया था, वह खो गया है।

您送给我的那个钱包丢了。

（2）在句子中常与 जो 相呼应的相关词是 वह, यह, वे, ये 等。例如：

वे इमारतें बहुत सुन्दर हैं, जो अभी अभी बनी हैं।

这些新建的楼房很漂亮。

वह लड़की कौन है, जो मधु के पास बैठी है?

坐在莫图身边的那个姑娘是谁？

（3）जो 所在的从句的位置比较灵活，随内容着重点不同，它可在主句之前或主句之后，亦可放在主句之中。例如：

जो छात्रा आ रही है, वह गोपाल की मित्र है।

来的那个女学生是戈巴尔的女友。

可改为：वह छात्रा गोपाल की मित्र है, जो आ रही है।

亦可改为：वह छात्रा जो आ रही है, गोपाल की मित्र है।

2. जो 的带后置词形式

关系代词 जो 和其他的代词一样，有带后置词和不带后置词之

205

分，其带后置词的形式变化，请看下列表格：

数	不带后置词的形式	带后置词的形式		
		带 ने	带 का, पर, में, से	带 को
单数	जो	जिसने	जिसका（पर, में, से）	जिस को,जिसे
复数	जो	जिन्होंने, जिनने	जिनका（पर, में, से）	जिन को,जिन्हें

यह एक अच्छा उपन्यास है, जिस को मैंने दो बार पढ़ा है।

这是一本好小说，我已经读了两遍了。

वह हमारा कमरा है, जिस में हम चार रहते हैं।

那是我们四个人住的房间。

उस छात्र को यहाँ बुला लीजिये, जिसे आपने कल देखा था।

请把您昨天见到的那个学生叫来。

3. 关系副词

关系副词 जहाँ 用来引导定语从句，它一方面作从句中的状语，另一方面修饰主句中的地点名词和地点副词。例如：

यह एक बहुत सुन्दर बाग़ है, जहाँ हम अक्सर घुमने आते हैं।

这是一座很美丽的公园，我们常在这里散步。

从句中的 जहाँ 修饰主句中的地点名词 बाग़, जहाँ 在句中充当地点状语。在主句中有时与 जहाँ 相呼应的词是 वहाँ。例如：

जहाँ आप जाएँगे, वहाँ मैं भी जाऊँगा।

您去哪儿我也去哪儿。

जहाँ 所在的从句在句中的位置比较灵活，随内容的重点不同，它可放在主句之前或主句之后，亦可放在主句之中。例如：

जहाँ डबास जी रहते हैं, वहाँ एक सुन्दर और साफ़ झील है।

德巴斯先生住的那个地方，有一个既美丽又干净的湖。

可改为：वहाँ एक सुन्दर और साफ़ झील है, जहाँ डबास जी रहते हैं।

亦可改为：वहाँ, जहाँ डबास जी रहते हैं, एक सुन्दर और साफ़ झील है।

अभ्यास

1. 语音练习：

अ आ --- अनुयायी अहिंसा आधुनिकता

ए ऐ --- के समान विशेषता शैव वेद

इ ई --- पारसी तीसरा शिव तुलसी विशेषता अहिंसा जाति विभाजित काली वाराणसी भगवद्गीता अनुयायी

ऋ --- सृष्टि कृष्ण

क ग --- कलयाण गंगाजल कर्मफल कहलाना भगवद्गीता काली दुर्गा प्रयाग

र --- पारसी ब्रह्मा तीसरा संहार कर्मफल पुनर्जन्म संप्रदाय धर्म-ग्रंथ वर्ण ब्राह्मण क्षत्रिय शूद्र दुर्गा प्रयाग वाराणसी तीर्थस्थान

复合辅音：

बहुसंख्यक इस्लाम बौद्ध ब्रह्मा सृष्टि विष्णु कल्याण कर्मफल पुनर्जन्म विश्वास संप्रदाय वैष्णव धर्म-ग्रथ वर्ण-व्यवस्था ब्राह्मण क्षत्रिय वैश्य शूद्र कृष्ण दुर्गा प्रयाग तीर्थस्थान

词组：

धर्म के अनुयायी, इन के अलावा, सृष्टि की रचना करते हैं, बड़ा पवित्र, माता के समान, पालन और कल्याण करते हैं, संहार करते हैं, विष्णु की

पूजा कर्मफल का सिद्धान्त और पुनर्जन्म में विश्वास, हिन्दुओं के धर्म-ग्रथ, इस व्यवस्था के अनुसार, आधुनिकता का प्रभाव, प्रसिद्ध तीर्थस्थान

2. 朗读下面的句子：

(1) पहले देवता का नाम ब्रह्मा है, जो सृष्टि की रचना करते हैं।

(2) दूसरे देवता का नाम विष्णु है, जो पालन और कल्याण करते हैं।

(3) तीसरे देवता का नाम शिव है, जो संहार करते हैं।

(4) हिन्दू लोग गाय की माता के समान पूजा करते हैं और गंगा-जल को बड़ा पवित्र मानते हैं।

(5) हिन्दू धर्म की दो विशेषताएँ हैं, कर्मफल का सिद्धान्त और पुनर्जन्म में विश्वास।

(6) हिन्दू धर्म के कई संप्रदाय हैं, जिन में वैष्णव और शैव मुख्य हैं।

(7) जो लोग विष्णु की पूजा करते हैं, वे वैष्णव कहलाते हैं।

(8) जो लोग शिव की पूजा करते हैं, वे शैव कहलाते हैं।

(9) हिन्दू धर्म में सहिष्णुता और अहिंसा को मुख्य माना जाता है।

3. 回答问题：

(1) भारत में क्या क्या धर्म होते हैं? हिन्दू धर्म के अनुयायी कितने हैं?

(2) हिन्दू धर्म के तीन देवता बताइये।

(3) गाय, गंगाजल और तुलसी का पौधा हिन्दुओं की दृष्टि से कैसे हैं? इन पर आप का क्या विचार है?

(4) हिन्दू धर्म की विशेषताएं क्या हैं?

(5) हिन्दू धर्म के कितने संप्रदाय हैं? बताइये।

(6) हिन्दुओं के धर्म-ग्रंथ क्या हैं?

(7) हिन्दुओं में कितनी जातियाँ हैं? उन जातियों का नाम बताइये। क्या

जाति-व्यवस्था से समाज के लिये कोई फ़ायदा है?

（8）हिन्दुओं के प्रसिद्ध मंदिरों और तीर्थस्थानों के नाम बताइये।

4. 翻译下面的句子：

（1）谁努力学习，谁就能通过考试。

（2）谁要去，现在就可以走了。

（3）我说的都对吗？

（4）把阿南德先生刚才送来的书给莫图。

（5）不论我去哪儿，他都和我一块儿去。

（6）在印度，不论他们走到哪里，都受到热烈的欢迎。

（7）您想说什么就说什么吧！

（8）她们从刚才的那条路回去了。

（9）跳舞的那个女学生是你妹妹吗？

（10）我想买一件你那样的上衣。

5. 翻译下面的句子：

（1）जो आपकी इच्छा हो, उसी के अनुसार काम कीजिये।

（2）तुमने जो कुछ देखा है, वही लिखो।

（3）तुम लोगों में से कोई भी ऐसा न होगा, जिस के घर में प्यानो हो।

（4）वे जो ईमानदार हैं सुखी होंगे।

（5）वह शीला का कमरा है, जो साफ़ और रोशनीदार है।

（6）जो अच्छी तरह हिन्दी पढ़ेंगे, उनको अच्छा काम मिलेगा।

（7）जो इमारत हमारे युनिवर्सिटी के फाटक（大门）के पास है, वह विदेशी भाषा इमारत कहलाती है।

（8）जो आदमी कल यहाँ आया था, वही रवि है।

（9）जिस पर तुम बैठे हुए हो, वही टूटी कुर्सी है।

（10）जो लोग कल समारोह में थे, उनमें तुम्हारे भाई कौन हैं?

（11）जिन्हें आपने खाते समय मेरे पास देखा था, वही मेरी छोटी बहन है।

（12）जो वसंत के साथ बैठे हुए हैं, वे ही रमेश हैं।

（13）जो अब अध्यापक से बात कर रही है, उसका नाम क्या है?

（14）जो आप देंगे, वही ले लूँगी।

（15）आप जो चाहें समझें। मैं झूठ बोलने वाला नहीं हूँ।

6. 用 जो---वह 的形式完成下列句子：

（1）वह लड़की अक्सर यहाँ आती है। वह विद्यार्थी है।

（2）उसने मेरी दादी की देखभाल की थी। वह बहुत अच्छी नर्स है।

（3）मैंने गोबर को देखा। उसने वह किताब तुम्हारी मेज़ पर रखी।

（4）एक लड़के को पुलिस पकड़कर ले जा रही है। उस लड़के ने चोरी की थी।

（5）मैंने मोटर-साइकिल ठीक कर दी थी। वह मोटर-साइकिल खो गयी।

（6）बाहर आदमी बातें कर रहे हैं। आदमियों ने एक बीमार बुढ़िया को अस्पताल में पहुँचाया।

（7）बच्चे इस इमारत में चिल्ला रहे थे। बच्चों को बाहर निकाल दिया गया।

（8）एक छात्रा गाना गा रही थी। छात्रा को एक कमरा मिला।

7. 用括号里面的词补充句子：

（1）मोटर-साइकिल खो गयी। (दी थी, तुमने, परसों, मधु, जो, को, वह)

（2）वह अच्छा नहीं है। (था, देखा, हमने, नाटक, दो दिन पहले, जो)

（3）वे लोग परेशान हो गये। (जिन्हें, बुलाया गया, कल नहीं, पार्टी में)

（4）मुझे दे दीजिये। (घड़ी है, आपके पास, जो सोने की, वह)

（5）वह लड़का भाग गया। (रुपये, मैंने, सौ, दिये, जिस को)

8. 补充下面的句子：

（1）जहाँ आप पढ़ते हैं, वहीं______।

（2）जहाँ से रमेश ने एक गाड़ी ख़रीद ली है, वहाँ______।

（3）आप______, जहाँ अच्छा भोजन मिले।

（4）जहाँ तक पक्की सड़क है, वहाँ तक______।

（5）जहाँ से भी मिले,______।

9. 用 जहाँ---वहाँ 改写下列句子：

（1）राजेंद्र की दुकान के पास और कोई दुकान नहीं है।

（2）क्या आपके रेस्टराँ में अच्छा भोजन मिलता है?

（3）हम कई देश गये। हर देश में जनता ने हमारा स्वागत किया।

（4）क्या गुप्ता के बेटा और बेटी बेइजिंग विश्वविद्यालय में चीनी भाषा पढ़ते हैं?

（5）मैं जवाहरलाल नेहरू युनिवर्सिटी में रहता हूँ। जवाहरलाल नेहरू युनिवर्सिटी से यहाँ कई बसें आती हैं।

10. 按照例句改写下列句子：

例：जाने वाले को न रोको।

जो जा रहा है, उसे न रोको।

（1）किनारे वाले शहरों की आबोहवा अच्छी है।

（2）दिल्ली जाने वाला वहीं का हो जाता है।

（3）गरम स्थान में रहने वाले लोग गर्मियों में पहाड़ी शहरों में जाकर रहते हैं।

（4）गेहूँ खाने वाले अक्सर मोटे होते हैं।

（5）आने वाली को यहाँ बुलाओ।

11. 将下面的短文译成印地语：

　　从前有一个女人，她有一个男孩。丈夫去世后，她便领着儿子去了乡下居住。过了几年，孩子长大了。一天，他问妈妈："妈，我爸爸上哪去了？"妈妈回答说："孩子，他早去世了。"孩子又问："妈，爸爸活着的时候是干什么的？"妈妈说："给人家干活的。"孩子说："我不能干活吗？我也想给人家干活。"妈妈说："孩子，你现在还小，哪里会干活呢？"孩子说："妈，没关系，你教我怎么干，我就怎么干。"妈妈说："孩子，干活的人得会好多事情呢。除了干活以外，还要尊敬主人，主人怎么说，你就怎么做。"孩子听了以后说："这事不难，我一定能做好。"就这样，第二天孩子离开了妈妈，出去给人家干活了。

　　男孩从乡下来到一个城市，在一个毗湿奴派的教徒塔古尔（ठाकुर）的家找到了工作。有一天，塔古尔的妻子做好饭后等了很久，饭快凉了塔古尔还没有回来，她便对男孩说："去请老爷吃饭。"塔古尔当时正同几个朋友坐在一起谈话。男孩站得远远的大声喊道："老爷，女主人请您回去吃饭。"塔古尔听罢十分生气（आग बबूला होना），回到家里便对孩子说："孩子，看见有两个人坐在一起谈话时，应当走过去，贴着耳朵低声说才对。"

12. 分析下列句子：

（1）इनके अलावा यहाँ इस्लाम, बौद्ध, ईसाई, पारसी आदि धर्मों के अनुयायी भी हैं।

（2）पहले देवता का नाम ब्रह्मा है, जो सृष्टि की रचना करते हैं।

（3）हिन्दू धर्म की दो विशेषताएँ हैं, कर्मफल का सिद्धान्त और पुनर्जन्म में

विश्वास।

(4) हिन्दू धर्म के कई संप्रदाय हैं, जिनमें वैष्णव और शैव मुख्य हैं।

(5) भारत में अनेक बड़े प्रसिद्ध मंदिर हैं, जहाँ राम, कृष्ण, शिव, काली, दुर्गा आदि देवताओं या देवियों की पूजा की जाती है।

13. 背诵全篇课文。

14. 阅读练习：

स्वास्थ्य

जिसका स्वास्थ्य ठीक है, उसका मस्तिष्क भी ठीक रहता है। जो लड़के दिन-रात पढ़ने-लिखने में ही रहते हैं और खेल-कूद से दूर भागते हैं, उनका स्वास्थ्य ख़राब हो जाता है, और वे बीमार रहने लगते हैं। याद रखो, हमेशा पढ़ने के समय पढ़ो और खेलने के समय खेलो।

स्वास्थ्य के लिये खुली और स्वच्छ हवा की बहुत ज़रूरत है। जो लोग बड़े-बड़े शहरों में तंग गलियों में रहते हैं, उन्हें ताजी हवा नहीं मिलती। गंदी हवा से फेफड़े ख़राब हो जाते हैं।

स्वास्थ्य के लिये स्वच्छ हवा की तरह स्वच्छ पानी की आवश्यकता है। प्रायः गांवों में कुओं का गंदा पानी पीने से हैजा, पेचिश आदि बीमारियां होती हैं। गंदा पानी से पेट में कीटाणु चले जाते हैं, और बीमारियां पैदा करते हैं।

मनुष्य केवल हवा और पानी से ही जीवित नहीं रह सकता। उसे पौष्टिक भोजन की आवश्यकता है। विटामिनवाले शाक-भाजी और फलों का उपयोग करना स्वास्थ्य के लिये लाभदायक है। भोजन में थोड़ी-थोड़ी मात्रा में सब चीजें रहनी चाहिये, जिस से शरीर को आवश्यक सामग्री और विटामिन मिल सकें। फल और दूध अच्छे भोजन हैं। मक्खन, दही और छाछ को जितना अधिक काम में लाया जाये, उतना ही अच्छा है।

भोजन को चबाकर धीरे धीरे खाना चाहिये। कभी भूख से अधिक न खाओ। थोड़ी भूख रखकर खाना ही अच्छा होता है। हमेशा ठीक समय पर खाना खाओ और प्रसन्न होकर खाओ।

निरोगी रहने के लिये कसरत करना आवश्यक है। उससे भोजन ठीक पचता है और शरीर में चुस्ती आती है। जो लोग कसरत नहीं करते, उनका शरीर कमजोर रह जाता है। सुबह घूमने जाना स्वास्थ्य के लिये लाभदायक है। पानी में तैरना, घोड़े की सवारी करना, क्रिकेट, फ़ुटबाल और कबड्डी खेलना---इन सब से शरीर सुडौल बनता है।

स्वास्थ्य के लिये सफ़ाई की बहुत ज़रूरत है। हमें अपने शरीर को सदा स्वच्छ रखना चाहिये। स्नान करते समय शरीर को मलना चाहिये। दांतों की सफ़ाई रखना भी आवश्यक है। मंजन से हमें अपने दांत साफ़ करने चाहिये। इसी तरह नाक, कान, आँख और बालों को स्वच्छ रखना है।

स्वस्थ रहने के लिये शरीर की स्वच्छता की तरह घर की स्वच्छता रखना आवश्यक है। घर को झाड़-पोंछ कर साफ़-सुथरा रखना चाहिये। सप्ताह में एकाध बार घर के फ़र्श और मोरियों को फिनैल से धो डालना चाहिये। घर का कूड़ा-कचरा फेंकने के लिये कोई खास जगह या बाल्टी होनी चाहिये।

हमें अपने स्वास्थ्य का पूरा-पूरा ध्यान रखना चाहिये। स्वास्थ्य अच्छा होने पर ही तुम काम कर सकोगे।

स्वास्थ्य（阳）健康，卫生
तंग（形）狭窄的；苦恼的
ताज़ा（形）新鲜的
गंदा（形）脏的，不干净的
फेफड़ा（阳）肺
प्रायः（副）经常；大约

स्वच्छ（形）清洁的，干净的
पचना（不及）消化，吸收
चुस्ती（阳）聪明，强壮
सवारी（阴）骑，乘
की---करना（及）骑，乘
क्रिकेट（阳）板球

कुआं（阳）水井
पेचिश（阴）痢疾
कीटाणु（阳）细菌
हैजा（阳）霍乱
दही（阳）酸牛奶
छाछ（阴）乳浆
जितना---उतना（关）那么多
सामग्री（阴）东西，材料
काम में लाना（及）运用，使用
चबाना（及）咀嚼
निरोगी（形）无病的

मलना（及）摩擦，擦拭
सुडौल（形）身段好的，身体匀称的
कूड़ा-कचरा（阳）垃圾
एकाध（एक+अध）（副）几个，不多
फ़र्श（阳）地毯，地板
मोरी（阴）污水沟，下水道
फिनैल（阴）碳酸
बाल्टी（阴）铁桶，铁盆

第十五课　पंद्रहवाँ पाठ

पाठ	बड़ा कौन है
बातचीत	मित्र की मदद
व्याकरण	1. 助动词 पाना
	2. 后置词 के पास

 पाठ

बड़ा कौन है

बड़ा कौन है? मुझे बताओ,
क्या जो हाथी पर चढ़ता है?
या जो चतुराई से अपनी
भूलें औरों पर मढ़ता है?

बड़ा कौन है? वह अमीर क्या,
जिसके पास बड़ी दौलत है?
और गरीबों, मुहताजों से
जिस को उतनी ही नफ़रत है?

पंद्रहवाँ पाठ

बड़ा कौन है? क्या वह है, जो
बातें बड़ी बड़ी करता है?
किंतु काम करनेवालों में
उसका नाम नहीं रहता है?

नहीं, नहीं, ये बड़े नहीं हैं,
ये तो बहुत गए-बीते हैं।
ये तो सदा दूसरों ही के
दुख से सुख लेकर जीते हैं।

तब फिर कौन बड़ा है? बेशक
इस सवाल की जगह यही है।
जो सेवा करता है सब की,
बड़ा वही है, बड़ा वही है।

सूरज क्या इसलिये बड़ा है
कि वह ऊँचाई पर रहता है?
नहीं, रोशनी वह देता है।
तब संसार बड़ा कहता है।

 बातचीत

मित्र की मदद

विमला: तिवारी, तुमने मुझे बताया था कि रविवार को मेरे घर जाओगे। पर आए नहीं, बहुत इंतजार किया।

तिवारी: बात यह है, पिछले शनिवार को मैं दफ़तर जा रहा था कि अचानक सामने से एक बस आ गयी। मैं साइकिल से उतर न सका और गिर पड़ा। पैर मुड़ गया और मोच आ गयी।

विमला: दुख है कि तुम्हारे पैर में चोट आयी। बताओ, अब क्या हाल है?

तिवारी: उस दिन गोपाल ने साइकिल पर बिठवाकर अस्पताल में पहुँचाया। डॉक्टर ने इलाज किया। अब ठीक हो रहा है। लेकिन अभी ठीक से चल नहीं पाता।

विमला: हाँ, उस दिन गोपाल ने अपनी नौकरी के बारे में तुम्हें बताया था?

तिवारी: नहीं तो। उस समय हम जल्दी में थे। क्या हुआ उसकी नौकरी।

विमला: दो महीने के पहले उसने एम.ए. की डिग्री प्राप्त की। लेकिन अभी नौकरी नहीं मिली। इसलिये उसे परेशानी है।

तिवारी: तो उसकी मदद कैसे की जा सकती है?

विमला: अब तुम बड़ी कंपनी के दफ़तर के लीडर हो, और फ़िर मैनेजर तुम पर विश्वास करते हैं। तुम उस की मदद कर सकते हो।

तिवारी: लेकिन मुझे शक है वह काम संभाल पायेगा। उसे पूर्व अनुभव बिल्कुल नहीं।

विमला: चिन्ता मत करो। वह काम अच्छी तरह संभाल लेगा, और कुछ दिनों में अनुभव भी हो जाएगा।

तिवारी: मेरे पास समय हो, तो मैं मैनेजर से ज़रूर मिलूँगा।

शब्दावली

(क)

चतुराई（阴）聪明，敏捷

मढ़ना（及）归罪于

भूल（阴）错误

अमीर（阳）富人

मुहताज़（阳）穷人
दौलत（阴）财富
नफ़रत（阴）仇恨，憎恨
से---होना（不及）仇恨，憎恨
जीना（阴）（不及）生活
बेशक（副）毫无疑问地，当然
की जगह（后）代替
सूरज（阳）太阳
ऊँचाई（阴）高处，高度
रोशनी（阴）光亮
---देना（及）照耀

（ख）

मुड़ना（不及）转动，歪
मोच（阴）抽筋，扭伤
को---आना 抽筋，扭伤
बिठवाना（及）扶坐，使坐
इलाज（阳）治疗
का---करना（及）治疗
नौकरी（阴）工作，职位
एम.ए. 硕士
डिग्री（阴）学士
कंपनी（阴）公司
पूर्व（形）以前的，从前的

व्याकरण

1. 助动词 पाना

动词 पाना 的意思是“获得”“得到”等。用作助动词时与主要动词的词根连用，表示能力。助动词 पाना 不仅可以与不及物动词连用，也可以与及物动词连用。助动词 पाना 一般用于否定式，而较少用于肯定式。主要用法有如下两种：

（1）用于否定式，表示由于客观原因，虽然主观努力，仍不能获得某种动作的可能性。如：

अभी वह ठीक से चल नहीं पाता।

他现在还不能走动。

आपकी यह बात मेरी समझ में नहीं आ पाई।

我没能理解您的这句话。

कल रात को वे ज़रा भी नहीं सो पाये थे।

昨天夜里他们没能合过眼。

（2）用于肯定式，表示经过努力而获得某种动作的可能性。因此句中常有 मुश्किल से, कठिनाई से, बड़े परिश्रम से 等，例如：

हम बड़ी मुश्किल से यह काम समाप्त कर पाये।

我们好不容易才完成了这项任务。

राधा बड़े परिश्रम से यह परीक्षा पास कर पायी।

拉塔费了好大劲才通过了这次考试。

2. 后置词 के पास

（1）表示"有"，占有者为人物名词，被占有者为可移动的事物或时间等。如：

क्या आपके पास कलम है?

您有钢笔吗？

अगर मेरे पास समय हो, तो मैं मैनेजर से ज़रूर मिलूंगा।

如果我有时间，一定去找经理。

（2）表示"在……附近（旁边）"，例如：

गुप्ता जी के घर के पास एक सुंदर बाग़ है।

古普塔先生家附近有一座漂亮的花园。

उसने मेरे पास आकर यह बात बतायी।

他来到我身边，告诉了我这件事。

अभ्यास

1. 语音练习：

चतुराई भूल दौलत मुहताज नफ़रत बेशक ऊँचाई संसार इन्तज़ार अचानक इलाज डिग्री परेशानी स्टोन अनुभव मैनेजर

2. 用分词填空：

（1）बाज़ार______（जाना）समय मैंने राम को________（भागना）देखा।

（2）वह______（चलना）गाड़ी में______（चढ़ना）गिर गया।

（3）ठीक आठ______（बजना）ही वह वहाँ पहुँच गये।

（4）______（जाना）समय मुझ से______（मिलना）जाना।

（5）मुझ से पैसे_____（लेना）जाना और नाशपाती, सेब, टमाटर______（लेना）आना।

（6）ऐसा क्या_______（लिखना）है।

（7）पार्टी की याद______（आना）ही घर चला गया। वहां से पत्नी को____（लेना）गया, तो देर हो गयी।

（8）ग्यारह______（बजना, बजना）खाना भी शुरू हुआ।

3. 造句：

（1）पर मढ़ना

（2）बेशक

（3）इलाज करना

（4）नफ़रत होना

（5）इसलिये... कि

（6）助动词 पाना

（7）से...लेकर जीना

（8）इन्तज़ार करना

（9）परेशानी होना

（10）की जगह

（11）बिठवाना

（12）शक होना

4. 翻译下面的句子：

（1）अभी जिन्होंने यह पाठ पढ़ा है, वे कौन हैं?

（2）भारत के किन-किन प्रदेशों में लोग गेहूँ अधिक खाते हैं?

（3）भारत में कहाँ ज़्यादा गर्मी पड़ती है?

（4）हम लोग वहीं रहते हैं, जहाँ विदेशी विद्यार्थी रहते हैं।

（5）आप जहाँ जहाँ जाएंगे, सब जगह हिन्दी में ही बात करनी होगी।

（6）तुम बस से कहाँ से कहाँ तक जाते हो?

（7）वहाँ से कोई बस रेलवे स्टेशन को जाती है?

（8）मैंने भी उसी स्कूल में पढ़ा था, जहाँ मेरा लड़का पढ़ रहा है।

（9）जहाँ मेरा मकान है, वहीं पास में एक बस स्टॉप है। उस बस स्टॉप से रेलवे स्टेशन के लिये बस चलती है। मैं उसी बस से दफ़्तर जाता हूँ।

（10）जिस दिन मैं गया, उस दिन वहाँ सीता भी आई थी।

（11）जिस समय वर्षा होती, ठंड बढ़ जाती है।

（12）जहाँ से वह रिक्शा आ रहा है, वहाँ एक बड़ी कंपनी है।

5. 用 अगर...तो...改写下列句子：

（1）मेरी साइकिल ख़राब है, इसलिये मुझे इतनी परेशानी है।

（2）मैं दुकान गयी ही नहीं, फिर आपकी चीजें कैसे लाती।

（3）तुमने उसे बुलाया ही नहीं होगा, इसलिये वह नहीं आया।

（4）मुझे आपकी चिट्ठी नहीं मिली, इसलिये आपका काम नहीं हुआ।

（5）तुम लोगों को छुट्टी नहीं मिलेगी, क्योंकि तुम को काम करना है।

6. 用助动词 पाना, सकना 完成下列句子：

（1）मुझे विश्वास है कि मैं इस काम को ज़रूर समाप्त________（करना）।

（2）कल वर्षा थी, इसलिये मैं नहीं________।（जाना）

（3）मधु एक बार तीन रोटियाँ_____।（खाना）

（4）कल उसे जुकाम था, इसलिये क्लास न_____।（जाना）

（5）वे उर्दू_____, लेकिन नहीं_____।（समझना, बोलना）

（6）श्रीमती रवि दस बजे वहाँ नहीं_____।（पहुँचना）

（7）मैं पहले हिन्दी नहीं_____, लेकिन अब अच्छी तरह_____। (पढ़ना)

（8）गर्मी के कारण कल रात को सीता नहीं_____।（सोना）

（9）मुझे लगता है कि आज शाम को वह नहीं_____।（आना）

（10）क्या आप हिन्दी_____?（बोलना）

7. 将下面的短文译成印地语：

老舍在伦敦

一天上午，我们来到老舍的故居，访问了老舍先生的夫人胡絜青。她给我们谈了谈老舍在伦敦的生活情况。

老舍是从1921年开始写小说的，他最早的三部长篇小说都是在伦敦写成的。

胡絜青女士告诉我们，老舍的父亲去世得很早，他母亲给别人洗衣服挣点钱，家里非常穷。他在19岁就开始教书了。

1924年，老舍25岁。在一位英国朋友的帮助下，他去伦敦教中文。老舍除了讲课以外，就在学校的图书馆看书，他看了很多英文小说。在看这些文学作品的时候，老舍常想到自己以前在北京看过和听过的事儿。他把自己了解的人和故事都写在本子上，这就是他的第一部长篇小说《老张的哲学》。

后来，作家许地山先生到了伦敦，老舍把写在本子上的故事念给他听。许地山听了以后，非常高兴地说："好，写得好！"

他把这本小说寄回国内，很快就发表了。

听说老舍先生在伦敦教中文的时候，用北京话录过音。老舍夫人说：“我真想听听五十多年前老舍的声音啊！”

8. 背诵全篇课文。

9. 阅读练习：

हमारे सहायक

जब से हम पैदा होते हैं, तभी से हमें ऐसे आदमियों की ज़रूरत होती है, जो हमारी सहायता करें, हमारी देखभाल करें, जो हमें ठीक समय पर खाना दें, नहलायें, धुलायें, साफ़ कपड़े पहनायें और हमें पढ़ा-लिखाकर योग्य बनायें। ये काम हमारे माता-पिता करते हैं।

किसान को देखो, वह अँधेरे-मुँह उठकर खेत में पहुँचता है। गर्मी-सर्दी सब कुछ सहता है। यदि किसान खेत में अनाज पैदा न करे, कपास न बोये, तो जानते हो दुनिया की क्या हालत हो जाये? लोग भूखों मर जायें, दाने-दाने को तरस जायें और सर्दी में ठिठुर जायें।

राजगीर को लो। राजगीर बड़े तड़के उठकर अपने काम पर जाता है। एक-एक ईंट चिनकर मकान बनाता है। दिन भर मेहनत मज़दूरी करके संध्या को घर लौटता है। यदि राजगीर हमारे लिये मकान बनाकर न दे, तो हम कहाँ रहें? गर्मी-सर्दी और बरसात से अपनी रक्षा कैसे करें?

जुलाहे को देखो। अपने काम में कितना मस्त हैं। यदि जुलाहा तुम्हारे लिये कपड़ा न बुने, तो फिर क्या पहनो? अपने शरीर को कैसे ढंको? उसे गर्मी-सर्दी से कैसे बचाओ?

कुहार को लो। वह हमारे लिये घड़े, मटके और सुराहियाँ बनाता है। यदि कुम्हार इन चीज़ों को न बनाये तो क्या हो? गर्मियों में घड़े का ठंडा-ठंडा पानी

第十五课　पंद्रहवां पाठ

कहाँ से पिओ?

भंगी तुम्हारे घर की सफ़ाई करता है। घर का कूड़ा-कचरा उठाकर ले जाता है। यदि भंगी काम न करे, तो जगह-जगह ताऊन, हैजा, चेचक आदि बीमारियाँ फैल जायें।

धोबी तुम्हारे कपड़े धोता है। कहार तुम्हारा पानी भरता है। मोची तुम्हारे जूते बनाता है। चौकीदार रात को पहरा देता है। सिपाही युद्ध में लड़ता है। क्या कभी तुमने सोचा है कि यदि ये लोग तुम्हारी सहायता न करें, तो तुम्हारे सब काम ही रुक जायें? हमें इन सब लोगों का सम्मान करना चाहिये।

देखभाल（阳）看管，照顾
की---करना（及）看管，照顾
नहलाना（及）使……洗澡；
　　　　　　给……洗澡
धुलाना（及）使……被洗干净
पहनाना（及）使……穿上
योग्य（形）适宜的，值得的
अँधेरे-मुँह　黎明前
सहना（及）忍受
राजगीर（阳）瓦匠，瓦工
तड़के（副）拂晓，黎明
बड़े तड़के　大清早
ईंट（阴）砖
चिनना（及）砌，垒（墙）
संध्या（阴）黄昏，傍晚

बरसात（阴）雨季
रक्षा（阴）保护，保卫
की---करना（及）保护，保卫
जुलाहा（阳）织布人
बुनना（及）纺织，编
कुम्हार（阳）陶瓷工
घड़ा（阳）陶罐
मटका（阳）大瓦缸
सुराही（阴）水罐
भंगी（阳）清洁工
ताऊन（阳）鼠疫
चेचक（阳）天花
धोबी（阳）洗衣工
कहार（阳）运水工人
मोची（阳）鞋匠

चौकीदार（阳）看门人

पहरा（阳）守卫，看守

---देना（及）守卫，看守

सिपाही（阳）士兵

सम्मान（阳）尊重

का---करना（及）尊重

第十六课　सोलहवां पाठ

पाठ	सफलता का रहस्य
बातचीत	शांघाई की सैर
व्याकरण	后置词 के लिये

पाठ

सफलता का रहस्य

चिड़िया तिनका एक-एक लेकर है आती,
है उनसे ही बड़ा घोंसला एक बनाती।
एक-एक पग उठा-उठाकर ही रखते हैं,
कोसों लम्बा मार्ग पथिक-गण तय करते हैं।

बड़े-बड़े मीनार, किले, प्रासाद सुखारी,
जिन्हें देखकर तुम्हें अचम्भा होता भारी।
क्या होंगे ये एक दिवस में गए बनाये,
कितने होंगे श्रमिक न जाने गये लगाये।

एक-एक भी शब्द नया प्रतिदिन रट पायें,
दो वर्षों में शब्द नये कितने सीख जायें।
यदि क्रम जारी रहे वर्ष दस-पांच निरंतर,
उस भाषा के बन जायें विद्वान धुरन्धर।।

बच्चे, कोई काम देखकर मत घबराओ,
थोड़ा-थोड़ा नित्य करो, मत चित्त चुराओ।
क्रम से भारी काम सरल सब हो जाते हैं,
तुम्हें सफलता का रहस्य हम बतलाते हैं।।

 बातचीत

शांघाई की सैर

मधुः कहो भाई रवि। कहाँ रहे? बहुत दिनों के बाद मिले। सब सहपाठी तुम्हें याद कर रहे थे। रमेश, गौड़ और मोहन पूछते थे कि रवि कब आयेगा? कल चीनी साहित्य के मास्टर जी भी पूछ रहे थे।

रविः अपने बड़े भाई के साथ मैं अचानक शांघाई चला गया। जाते समय तुम से भी न मिल पाया। शांघाई में मेरे भाई एक कंपनी के मैनेजर हैं।

मधुः सुना है शांघाई बहुत बड़ा शहर है।

रविः हाँ। मैं पहली बार शांघाई गया था। वहाँ की भीड़ देखकर मैं चकित हो गया। शांघाई में बस, ट्राम, मोटर और मोटर-साइकिल की इतनी भीड़ रहती है कि सड़क पार करना कठिन हो जाता है।

मधुः और शांघाई में समुद्र भी है?

रविः हाँ। समुद्र में बड़े-बड़े जहाज़ चलते हैं। इन जहाज़ों में बैठकर लोग दूसरे देश जाते हैं। ये जहाज़ चीन का माल विदेशों को ले जाते हैं और विदेशों का माल चीन लाते हैं।

मधुः रवि, शांघाई में हवाई-जहाज़ का अड्डा भी तुमने देखा होगा?

रविः हाँ। शांघाई से देश-विदेशों को हवाई-जहाज़ जाते हैं। मैंने भी उस दिन हवाई-जहाज़ से शांघाई जाकर वहाँ की सैर की थी।

मधुः हवाई-जहाज़ में तुम्हें डर नहीं लगा?

रविः इस में डर की कौन बात? मेरा जी चाहता था उसी में बैठकर उड़ता रहूँ।

मधुः शांघाई का चिड़ियाघर भी तुमने देखा होगा?

रविः हाँ। इस चिड़ियाघर में चीते, शेर, हाथी, हिरण, बारहसिंगा, मगर, बन्दर, सांप वगैरह बहुत से जानवर रखे गये हैं।

मधुः अच्छा रवि। क्लास जाने का समय हो रहा है। क्लास में मिलेंगे। वहाँ सभी सहपाठियों और मास्टर जी को शांघाई का हाल सुनाना। अच्छा नमस्ते।

शब्दावली

(क)

सफलता（阴）成功，功绩

रहस्य（阳）秘密

तिनका（阴）草，稻草

पग（阳）脚，步伐

कोस（阳）印度的长度单位（约 2 英里）

मार्ग（阳）道路，路

पथिक-गण（阳）游客们

किला（阳）城堡

प्रासाद（阳）宫殿

सुखारी（阴）幸福

अचम्भा（阳）惊奇，吃惊

दिवस（阳）节日

प्रतिदिन（副）每天

क्रम（阳）顺序；步调

जारी（形）继续的

---रहना（不及）继续

निरंतर（副）不断地，连续地

धुरन्धर（形）优秀的

चित्त（阴）智慧；心

---चुराना（及）偷懒

(ख)

मोटर（阴）汽车　　डर（阳）害怕
मास्टर（阳）老师　　चिड़ियाघर（阳）动物园
कठिन（形）困难的　　बारहसिंगा（阳）一种多角的牝鹿
समुद्र（阳）海，洋　　मगर（阳）鳄鱼
जहाज़（阳）轮船　　साँप（阳）蛇
अड्डा（阳）地点，场

 व्याकरण

后置词 के लिए

后置词 के लिए 在印地语中较常见，其主要用法有以下几种：

1. 表示"为了"：

हम लोग जीने के लिए खाते हैं न कि खाने के लिए जीते है।

我们是为了活着而吃饭，而不是为了吃饭而活着。

2. 表示"对……""对……来说"：

बीस रुपये उस के लिए काफ़ी हैं।

二十个卢比对他来说足够了。

यह काम मेरे लिए मुश्किल है।

这项工作对我来说很困难。

3. 表示"给""替"：

रवि के लिए कुछ फल लाओ।

给拉维买些水果吧。

मेरे लिए वही खिड़की बन्द कीजिए।

请替我把那扇窗户关上。

4. 表示“某段时间”：

मैं हर रोज़ कम से कम एक घंटे के लिए ऊँची आवाज़ से पाठ पढ़ती हूँ।

我每天至少要朗读课文一个小时。

एक हफ़्ते के लिए हमारे यहाँ ठहरिये।

在我们这住儿上一个星期吧。

5. 表示“看在……的面子上”：

भगवान के लिए शराब पीना बन्द करो।

看在神灵的面上把酒戒掉吧。

चाचा के लिए उसे छोड़िए।

请看在叔叔的面子上放了他吧。

6. 表示宾语，仅限于 कहना, देना 等动词：

पतिने अपनी पत्नी से दो रोटियाँ लाने के लिए कहा।

丈夫叫妻子取两张饼来。

उसे जाने के लिए दीजिए।

请让他走吧。

7. 表示定语，修饰名词：

देखो, मेरे कमरे में बैठने के लिए सोफ़ा भी नहीं है।

瞧，我的屋里连坐的沙发都没有。

मुक्ति के पहले गरीब लोगों को साने के लिए खाना नहीं मिलता और पहनने के लिए कपड़ा नहीं।

解放前，穷人没吃没穿。

 अभ्यास

1. 语音练习：

रहस्य सफलता चिड़िया तिनका घोंसला पग मार्ग पथिक-गण
मीनार प्रासाद सुखारी अचम्भा दिवस श्रमिक प्रतिदिन क्रम रटना
विद्वान धुरन्धर चित्त चुराना मास्टर अचानक मोटर-साइकिल
कठिन समुद्र हवाई-जहाज़ अड्डा डर चीता बारहसिंगा वगैरह

2. 完成下列句子：

（1）मुझे चाहिए कि_____।

（2）मैं चाहता हूँ कि_____।

（3）मुझे विश्वास है कि_____।

（4）मुझे बड़ी आशा है कि_____।

（5）वह अच्छी तरह पढ़ती है, ताकि_____।

（6）मुझे डर है कि वे लोग_____।

（7）मुझे यह बात पसंद नहीं है कि राधा_____।

（8）मेरा आप से अनुरोध है कि_____।

（9）हो सकता है कि_____।

3. 用后置词 "ने, में, से, पर, को" 填空：

（1）कल शाम_____रमेश_____मोहन_____समर-पैलेस_____देखा।

（2）मैं_____पिता जी_____पूछा कि आप कब आएंगे?

（3）माता_____बच्चे_____पलंग_____बिठवाया।

（4）उस_____सीता_____क्या कहा?

(5) मधु_____मुझ_____पूछा कि दूसरे छात्र कहां गये?

(6) एक पथिक_____उस_____रेलवे-स्टेशन का रास्ता बताया।

4. 用致使动词完成下列句子：

(1) बच्चा बैठ गया।

माँ ने_____।

(2) बच्चे आज गर्म पानी से नहाये।

पिता ने_____।

(3) मैंने खाना नहीं खाया।

उसने_____।

(4) मोहन ने काफ़ी बनायी।

रवि ने_____।

(5) राम ने कमरे साफ़ किये।

मैंने_____।

(6) राधा ने माँ को पत्र लिखा।

राधा के भाई ने_____।

(7) शारदा ने कपड़े धोये।

माँ ने_____।

(8) उसने दूध पिया।

गुप्ता ने_____।

(9) मज़दूरों ने एक इमारत बनायी।

मैनेजर ने_____।

5. 将下列句子由主动语态改为被动语态：

(1) मैं अंग्रेजी में लेख नहीं लिख सकती।

（2）वे लोग चावल नहीं खाते।

（3）उसने इस बारे में मुझे कुछ नहीं बताया।

（4）राधा ने यह किताब पढ़ी।

（5）हमने ठंडी चाय पी।

（6）उन्होंने नई दिल्ली की सैर की।

6. 翻译下面的句子：

（1）अगर मुझे चिट्ठी मिली होती, तो ज़रूर आता।

（2）अगर यह शब्दकोश कुछ सस्ता होता, तो मैं ले लेता।

（3）अच्छा था अगर आप भी आते।

（4）आपने चिट्ठी लिखी होती, तो ज़रूर आता।

（5）छात्रों को पत्र दिए गए हैं।

（6）करीब पचास लोगों को बुलाया गया है।

（7）हम दोनों से भी उठाया नहीं जाएगा, यह बहुत भारी है।

（8）राधा को बुलाया जाए तो अच्छा रहेगा।

（9）आज मुझ से कोई काम नहीं हो रहा।

（10）इस समय न मेरे पास पैसे हैं, न कोई नौकरी।

（11）न सिर्फ़ यह कपड़ा बढ़िया ही है, बल्कि सस्ता भी है।

（12）हमें पुस्तकालय के लिए कुछ किताबें लेनी चाहिए।

（13）आप चाहे मोहन को बुलाइए, चाहे रमेश को, एक को तो बुलाना पड़ेगा।

（14）आप को इन में से कौन सा कपड़ा पसंद है।

（15）आप मानें या न मानें, यही आपके लिए बढ़िया रहता।

7. 造句：

（1）तय करना 　　　（2）याद करना

第十六课　सोलहवाँ पाठ

(3) अचम्भा होना　　(6) डर होना

(4) पार करना　　(7) सैर करना

(5) चित्त चुराना　　(8) जी चाहना

8. **将下面的短文译成印地语：**

　　李贺是唐代著名诗人，他从小时候起，就很喜欢作诗。十几岁的时候，他几乎每天都要作诗。他常常是一边骑驴（गधा）走路，一边想着诗句。诗句想好了，就马上记下来。每次写完诗后，都要大声念几遍。对于每一句诗，每一个词，都要反复修改。

　　有一年夏天，李贺去京城访问著名诗人韩愈。正巧韩愈从很远的地方回来。这一天特别热，韩愈觉得又累又困，很想马上睡觉，就想让仆人告诉来访的人明天再来。可是当他听说来的是个青年，而且带来一本诗集请他修改，就让人马上把诗集拿来。韩愈把那本诗集拿过来刚看了一句，就立刻从床上坐起来，嘴里不停地说："哎呀，好诗，真是好诗啊！"于是他马上让人把这位青年人请进来。韩愈一看，来的人是李贺，十分高兴，原来韩愈很早就认识李贺。那是在李贺七岁时，韩愈听朋友说七岁的李贺能作诗，他有些不相信。后来，韩愈来到李贺家，让李贺作诗，李贺当时立刻作了出来，而且作得很不错。他这才相信朋友所说的是真的。

　　韩愈看到眼前的李贺，又看看桌上的诗，对李贺说："你已经长大了，诗也写得更好了。以后应该继续努力啊！"

9. **背诵全篇课文。**

10. 阅读练习：

“प्यारा चीन” की पाण्डुलिपि

१९३५ में शहीद फ़ाङ च-मिन ने जेल में “प्यारा चीन” नामक एक पुस्तिका लिखी। उन्होंने इस पुस्तिका में अकाट्य तथ्यों का उदाहरण देकर चीन पर साम्राज्यवादियों के आक्रमण की कड़ी निन्दा की और उनके अपराधों का पर्दाफ़ाश किया। उन्होंने एक स्नेहपूर्ण व सुन्दर माँ से चीन की उपमा दी और यह बताया कि यह माँ किस तरह सीम्राज्यवादियों के उत्पीड़न से कराह रही है। उन्होंने लोगों से जल्दी से अपनी माँ को बचाने का आह्वान किया और खुद यह इरादा प्रकट किया कि वे अपनी माँ को बचाने के लिए अपने प्राणों की बाजी तक लगाने को तैयार हैं।

कामरेड फ़ाड च-मिन चीनी कम्युनिस्ट पार्टी की केन्द्रीय कमेटी के सदस्य और मजदूरों व किसानों की केंन्द्रीय जनवादी सरकार के कार्यकारी सदस्य थे। जुलाई १९३४ में वे पार्टी की केन्द्रीय कमेटी के आदेशानुसार जापानी-आक्रमण-विरोधी हिरावल यूनिट का नेतृत्व कर केन्द्रीय कान्तिकारी अड्डे से उत्तर चीन में जापानी आक्रमणकारियों का मुकाबला करने के लिए रवाना हुए। जब वे चच्याङ, आनह्वेइ और च्याङशी प्रान्तों की सीमा पर पहुंचे, तो क्वोमिन्ताङ प्रतिक्रियावादी गुट की सेना ने आकर उनकी यूनिट को घेर लिया और दोनों के बीच भीषण युद्ध हुआ। एक गद्दार की वजह से जनवरी १९३५ में दुर्भाग्यवश कामरेड फ़ाङ च-मिन पकड़ लिए गए।

दुश्मनों ने कामरेड फ़ाङ च-मिन च्याङशी प्रान्त के नानछाङ शहर के जेल में डाल दिया और हर तरह का लोभ दिखाकर उनसे आत्मसमर्पण कराने की कोशिश की, साथ ही बेशरमी के साथ उन्हें कलम-कागज देकर कम्युनिस्ट पार्टी के विरुद्ध कुछ लिखने को भी कहा। उन्होंने जेल में अपने सहयोद्धाओं को एकता के सूत्र में बांधकर प्रतिक्रियावादी गुट के साथ दृढ़तापूर्ण संघर्ष किया। दुश्मनों ने उन्हें जो कलम-कागज दी थी, उससे उन्होंने अपने सहयोद्धाओं को प्रोत्साहित करने के लिए

बहुत से गुप्त पत्र और "मेरे क्रान्तिकारी संघर्षों का संक्षिप्त विवरण" आदि लेख लिखे। "प्यारा चीन" नामक पुस्तिका भी इसी समय लिखी गई थी। इस पुस्तिका और उनके अन्य लेखों से पार्टी और क्रांन्ति के प्रति कामरेड फ़ाङ च-मिन की आस्था और मातृभूमि, जनता व राष्ट्रीय मुक्ति के प्रति उनकी हार्दिक उत्कण्ठा व्यक्त होती है।

दुश्मनों को मजबूर होकर यह स्वीकार करना पड़ा कि कामरेड फाङ च-मिन का क्रांन्तिकारी इरादा फौलादी है और उन्हें अपने पथ से डिगाया नहां जा सकता। अन्त में उन्होंने हताश होकर अगस्त १९३५ में उनकी हत्या कर दी। शहीद होने के पहले उन्होंने अपने "प्यारा चीन" की पाण्डुलिपि जेल के एक सेक्रेटरी को, जो उनकी शिक्षा से क्रांन्तिकारियों के प्रति सहानुभूति रखता था, हवाले कर दिया था। बाद में इस सेक्रेटरी ने उनकी पाण्डुलिपि को गुप्त रूप से महान लेखक लू शुन के पास भेज दिया। लू शुन ने कोशिश करके इसे चीनी कम्युनिस्ट पार्टी की केन्द्रीय कमेटी तक पहुंचा दिया।

पाण्डुलिपि（阴）手稿，底稿
फ़ाङ च-मिन（人名）方志敏
जेल（阳）监狱
पुस्तिका（阴）小册子
अकाट्य（形）无可辩驳的
तथ्य（阳）事实
साम्राज्यवादी（阳）帝国主义者
आक्रमण（阳）侵略，进攻
कड़ा（形）严厉的
निन्दा（阴）谴责，责备
की---करना（及）谴责，责备
पर्दाफाश（阳）揭露
का---करना（及）揭露
स्नेहपर्ण（形）慈爱的，爱的
उपमा（阴）比较；比喻
की---देना（及）比较；比喻
उत्पीड़न（阳）迫害，压迫
कराहना（不及）呻吟，叹息
इरादा（阳）愿望，目的
प्रकट（形）表示出来的
---करना（及）表示，显示
प्राण（阳）生命

बाज़ी（阴）赌，赌博
कमेटी（阴）委员会
जनवादी（形）民主的
कार्यकारी（形）执行的
विरोधी（形）反对的
हिरावल（阳）先遣队，先锋
आक्रमणकारी（阳）侵略者
मुकाबला（阳）抵抗
का---करना（及）抵抗
रवाना（形）出发的
प्रान्त（阳）省
प्रतिक्रियावादी（阳）反动的
गुट（阳）集团，组织
यूनिट（阳）部队
भीषण（形）激烈的
गद्दार（阳）叛徒
की वजह से（后）由于，因为
दुर्भाग्यवश（副）不幸
आत्मसमर्पण（阳）投降
बेशरमी（阴）无耻，不害羞

सहयोद्धा（阳）战友
सूत्र（阳）线
दृढ़तापूर्ण（形）坚决的
प्रोत्साहित（形）被鼓励的，
　　　　　　　　　受鼓舞的
गुप्त（形）秘密的
संक्षिप्त（形）简略的
विवरण（阳）解释，阐明
उत्कण्ठा（阴）愿望；关切
व्यक्त（形）表明了的
मज़बूर（形）被迫的
फौलादी（形）坚强的
पथ（阳）道路
डिगाना（及）移开；使动摇
हताश（形）失望的，绝望的
सेक्रेटरी（阳）秘书，书记
सहानुभूति（阴）同情
हवाला（阳）托付……
के हवाले करना（及）托付

基数词

एक	१	1
दो	२	2
तीन	३	3
चार	४	4
पांच	५	5
छै	६	6
सात	७	7
आठ	८	8
नौ	९	9
दस	१०	10
ग्यारह	११	11
बारह	१२	12
तेरह	१३	13
चौदह	१४	14
पन्द्रह	१५	15
सोलह	१६	16
सत्रह	१७	17
अठारह	१८	18
उन्नीस	१९	19

बीस	२०	20
इक्कीस	२१	21
बाईस	२२	22
तेईस	२३	23
चौबीस	२४	24
पच्चीस	२५	25
छब्बीस	२६	26
सताईस	२७	27
अट्ठाईस	२८	28
उनतीस	२९	29
तीस	३०	30
इकतीस	३१	31
बत्तीस	३२	32
तैंतीस	३३	33
चौंतीस	३४	34
पैंतीस	३५	35
छत्तीस	३६	36
सैंतीस	३७	37
अड़तीस	३८	38
उनतालीस	३९	39
चालीस	४०	40
इकतालीस (एकतालीस)	४१	41
बयालीस (बयालिस)	४२	42
तैंतालीस	४३	43
चवालीस	४४	44
पैंतालीस	४५	45
छियालीस	४६	46
सैंतालीस	४७	47

基数词

अड़तालीस	४८	48
उनचास	४९	49
पचास	५०	50
इक्यावन	५१	51
बावन	५२	52
तिरपन	५३	53
चौवन	५४	54
पचपन	५५	55
छप्पन	५६	56
सत्तावन	५७	57
अट्ठावन	५८	58
उनसठ	५९	59
साठ	६०	60
इकसठ	६१	61
बासठ	६२	62
तिरसठ	६३	63
चौंसठ	६४	64
पैंसठ	६५	65
छियासठ	६६	66
सड़सठ	६७	67
अड़सठ	६८	68
उनहत्तर	६९	69
सत्तर	७०	70
इकहत्तर	७१	71
बहत्तर	७२	72
तिहत्तर	७३	73
चौहत्तर	७४	74
पचहत्तर	७५	75

छिहत्तर	७६	76
सतहत्तर	७७	77
अठत्तर (अठहत्तर)	७८	78
उन्नासी	७९	79
अस्सी	८०	80
इक्यासी (इकासी)	८१	81
बयासी	८२	82
तिरासी	८३	83
चौरासी	८४	84
पचासी	८५	85
छियासी	८६	86
सत्तासी	८७	87
अठासी	८८	88
नवासी	८९	89
नव्वे (नब्बे)	९०	90
इकानवे (इकानबे)	९१	91
वानवे (बानबे)	९२	92
तिरानवे (तिरानबे)	९३	93
चौरानवे (चौरानबे)	९४	94
पंचानवे (पंचानबे)	९५	95
छियानवे (छियानबे)	९६	96
सत्तानवे (सत्तानबे)	९७	97
अट्ठानवे (अट्ठानबे)	९८	98
निन्यानवे (निन्यानबे)	९९	99
सौ	१००	100

शब्द-भंडार

अ

अंकल	（阳）	伯父，叔父	11
अंग	（阳）	肢体；部分	8
अंत	（阳）	结尾	2
अंत में		最后，终于	2
अंतिम	（形）	最后的	5
अकड़ना	（不及）	傲慢，摆架子	4
अकबर	（人名）	阿克巴	11
अकेला	（形）	单独的	4
अगर	（连	假使，如果	3
अचम्भा	（阳）	惊奇，吃惊	16
अचानक	（副）	突然	2
अजीब	（形）	奇怪的	7
अड्डा	（阳）	地点，场	16
अदा	（阴）	扮演；履行	9
अदा करना	（及）	扮演；履行	9
अधिक	（形）	多的，为数众多的	5
अधिकाँश	（阳）	多半的，大多数的	9
अधेड़	（形）	中年的	1

अध्ययन	（阳）	学习，研究	9
का अध्ययन करना	（及）	学习，研究	9
अनाज	（阳）	粮食	8
अनुपम	（形）	不可比拟的	6
अनुभव	（阳）	体会，经验	7
अनुयायी	（阳）	信徒，追随者	12
अन्न	（阳）	粮食	8
अन्य	（形）	其他的	10
अबे	（感）	喂（无礼的招呼）	11
अभिनय	（阳）	扮演	1
का अभिनय करना	（及）	扮演	1
अभूतपूर्व	（形）	空前的，非凡的	1
अभ्रक	（阳）	云母	10
अमीर	（阳）	富人	15
अमृतसर	（地名）	阿姆利则	12
अरब	（数）	十亿	9
अरसा	（阳）	时期	9
अरे	（感）	喂	11
अवशेष	（阳）	遗迹，剩余	9
अवसर	（阳）	时机，机会	5
अवस्था	（阴）	年纪；情况	5
अशोक	（人名）	阿育王	14
असंभव	（形）	不可能的	4
असली	（形）	真实的，实质的	2
अष्टकोण	（阳）	八角形	6
अहिंसा	（阳）	不杀生，非暴力	14

आ

आंख	（阴）	眼睛	8
आंत	（阴）	肠	8
आंध्रप्रदेश	（阳）	安得拉邦	13
आंसू	（阳）	眼泪	8
आखिर	（副）	终于，最终	11
आगरा	（地名）	亚格拉	6
आगे	（阳）	前方，前面	6
आज़ाद	（形）	自由的，独立的	5
आज़ाद करना	（及）	自由，独立	5
आज़ादी	（阴）	自由，独立	5
आज्ञा	（阴）	命令，指令	3
आज्ञा देना	（及）	命令，指令	3
आटा	（阳）	粗面粉	13
आधुनिकता	（阴）	现代，当代	14
आनंद	（阳）	幸福，欢乐	12
आनंद मनाना	（及）	享乐，享受	12
आयु	（阴）	年龄	1
आरंभ	（阳）	开始	8
आरंभ करना	（及）	开始	8
आश्चर्य	（阳）	奇观	6
आसमान	（阳）	天空	6

इ

इंद्रिय	（阴）	感觉器官	8
इकट्ठा	（形）	收集的	12
इकट्ठा करना	（及）	收集，采集	12
इलाज	（阳）	治疗	15
का इलाज करना	（及）	治疗	15

इस्लाम	（阳）	伊斯兰教	14

उ

उगना	（不及）	生长	13
उछलना	（不及）	跳跃	11
उड़ चलना	（不及）	飞走	3
उड़ाना	（及）	刮起，使飞	8
उड़ीसा	（阳）	奥里萨邦	10
उतरना	（不及）	下降	3
उत्तर	（阳）	北方	7
उत्तरप्रदेश	（阳）	北方邦	13
उदाहरण	（阳）	例子，例证	9
उन्नति	（阴）	提高，发展	10
उन्नति करना	（及）	提高，发展	10
उपज	（阴）	产额，产量	10
उपनिवेशवादी	（阳）	殖民主义者	5
उपाधि	（阴）	头衔，称号	1
उमर	（阴）	年龄	1
उलझाना	（及）	缠绕	7
उलीचना	（及）	戽水，舀水	4
उल्लेखनीय	（形）	值得提到的	10

ऊ

ऊंचाई	（阴）	高处，高度	15
ऊनी	（形）	毛的	14

ऋ

ऋतु	（阴）	季节	12

ए

एम.ए		硕士	15

शब्द-भंडार

क

कठिन	（形）	困难的	16
कतार	（阴）	队列	2
कथन	（阳）	话，言语	8
कदम	（阳）	脚步，步子	8
कप	（阳）	杯，杯子	8
कपास	（阴）	棉花	10
कबूतर	（阳）	鸽子	3
कब्ज़ा	（阳）	占领	5
पर कब्ज़ा करना	（及）	占领	5
कब्र	（阴）	坟墓	6
कमज़ोर	（形）	缓慢的；弱的	7
कम से कम	（副）	至少	5
कमाना	（及）	挣，获得	8
कर्मफल	（阳）	因果报应	14
कल्याण	（阳）	幸福，福利	14
कवि	（阳）	诗人	1
कविता	（阴）	诗，诗篇	1
काटना	（及）	咬，切	3
कान	（阳）	耳朵	8
कानपुर	（地名）	坎普尔	14
कारण	（阳）	原因	2
कार्य	（阳）	工作，事业	4
कालपी	（地名）	卡尔比	5
काली	（阴）	时母女神	14
किला	（阳）	城堡	16
किस्म	（阴）	种类	10
की अपेक्षा	（后）	与……比较	9

की जगह	（后）	代替	15
कीड़ा	（阴）	昆虫	12
की तरफ़	（后）	向……，朝……	11
कुंभ	（阳）	沐浴节，贡浦节	13
कुशल	（形）	平安的，安好的	4
कृषि-उत्पादन	（阳）	农业生产	10
कृष्ण	（阳）	克里什纳，黑天神	14
के आसपास	（后）	在……附近	3
के खिलाफ़	（后）	反对	5
के नज़दीक	（后）	在……附近	3
के पीछे	（后）	在……之后	2
के बिना	（后）	没有，无	8
केवल	（副）	只，仅仅	1
के विपरीत	（后）	相反	5
के विषय में	（后）	关于	9
के समान	（后）	像……一样	14
कैसा	（副）	怎么样的，如何的	2
कोना	（阳）	角落	2
कोयला	（阳）	煤	10
कोस	（阳）	印度长度单位（约2英里）	16
क्यारी	（阴）	田垄	6
क्रम	（阳）	步调，顺序	16
क्षण	（阳）	刹那	7
क्षत्रिय	（阳）	刹帝利	14
क्षमा	（阴）	原谅	10
क्षमा करना	（及）	原谅	10
क्षेत्र	（阳）	行业；地区，范围	10

ख

खतरा	（阳）	危险	3
खनिज	（形）	矿产的	10
ख़राब	（形）	坏的，不好的	8
खर्च	（阳）	开支，费用	6
खर्च करना	（及）	花费，消耗	6
खांसी	（阴）	咳嗽	4
खांसी आना	（不及）	咳嗽	4
खाड़ी	（阴）	海湾	10
खाद्य-पदार्थ	（阳）	粮食	8
खिलाना	（及）	喂（食物）	13
खीझना	（不及）	生气，心烦	7
खीर	（阴）	牛奶粥	13
खुद	（副）	自己	4
खुली जगह	（阴）	空地	1
खेत	（阳）	田地	12
खेद	（阳）	遗憾，抱歉	8
खोजना	（及）	寻找	3
ख्याल	（阳）	思想，观念	7
ख्याल करना	（及）	思索，考虑	7
ख्याल रखना	（及）	记住，注意	7

ग

गंगा	（阴）	恒河	4
गंगाजल	（阳）	恒河水	14
गंगाधरराव	（人名）	耿迦特尔拉沃	5
गणना	（阴）	列入	6
गणराज्य	（阳）	共和国	10
गन्ना	（阳）	甘蔗	10

गरम	（形）	热的	8
गर्मी	（阴）	热，炎热	9
गवाह	（阳）	证明	7
गहरा	（形）	深的	10
गाड़ी	（阴）	车	7
गाली	（阴）	骂，咒骂	11
गाली देना	（及）	骂，咒骂	11
गिरना	（不及）	掉落	2
गीत	（阳）	歌曲	1
गीतांजलि	（阴）	吉檀迦利	1
गीदड़	（阳）	豺，豺狼	2
गुजरात	（阳）	古吉拉特邦	13
गुड़	（阳）	红糖，土糖	13
गुफ़ा	（阴）	山洞	11
गुम्बद	（阳）	圆屋顶	6
गुरुद्वारा	（阳）	锡克教寺庙	12
गुर्राना	（不及）	咆哮，怒吼	11
गेहूं	（阳）	麦子	10
गैण्डा	（阳）	犀牛	2
गोल	（形）	圆的，圆形的	13
गोली	（阴）	子弹	1
पर गोली चलाना	（及）	向……开枪	1
ग्वालियर	（地名）	瓜廖尔	5

घ

घटना	（阴）	事件	7
घना	（形）	密的	9
घबराना	（不及）	害怕	4
घमंड	（阳）	骄傲	4

घमासान	（形）	激烈的	5
घाट	（阳）	海岸，码头	10
घुसना	（不及）	进入	3
घुड़सवारी	（及）	骑马	5
घेरना	（阴）	包围	5
घोंसला	（阳）	鸟巢	12
घोर	（形）	可怕的，恶劣的	12

च

चटकना	（不及）	（花）开放	13
चतुराई	（阴）	敏捷；狡猾	15
चबूतरा	（阳）	台，露台	5
चर्चा	（阴）	谈论	1
की चर्चा करना	（及）	谈论	1
चला जाना	（不及）	走，离去	5
चांदनी	（阴）	月光	6
चाय-पार्टी	（阴）	茶话会	5
चाल	（阴）	行走；速度	7
चालाक	（形）	狡猾的	11
चावल	（阳）	大米	3
चाहिये	（副）	应该	3
चिड़ियाघर	（阳）	动物园	16
चित्त	（阴）	智慧，心	16
चित्रकला	（阴）	绘画，美术	1
चिह्न	（阳）	标记，记号	9
चिल्लाना	（不及）	叫喊	2
चींटी	（阴）	蚂蚁	12
चीखना	（不及）	尖声叫喊	2
चीता	（阳）	豹子	2

चुकना	（不及）	完成	7
चुगना	（及）	啄食	3
चुनना	（及）	挑选，采摘	13
चुप	（形）	安静的	5
चुप होना(रहना)	（不及）	安静	5
चुराना	（及）	偷窃	16
चूंकि	（连）	因为	13
चूहा	（阳）	老鼠	3
चेकोस्लोवाकिया	（阳）	捷克斯洛伐克	1
चेतना	（阴）	知觉	3
चोट	（阴）	伤	7
चोट आना	（不及）	受伤	7
चोटी	（阴）	山峰，山顶	10
चौड़ा	（形）	宽的	4
चौथाई	（阴）	四分之……	13

छ

छटपटाना	（不及）	着急	12
छाता	（阳）	伞	8
छाया	（阴）	影子	6
छिपना	（不及）	躲藏	11
छिलका	（阳）	皮，果皮	13
छूटना	（不及）	奔流；发出	6
छेद	（阳）	洞，小孔	4

ज

जनता	（阴）	人民	5
जनसंख्या	（阴）	人数	10
जन्म	（阳）	出生，诞生	5
जब...तो	（连）	当……时	2
ज़बान	（阴）	口头	5

शब्द-भंडार

जमुना	（阴）	朱木纳河	4
ज़रूरत	（阴）	需要，必要	9
जर्मनी	（阳）	德国	1
जल	（阳）	水	6
जलवायु	（阴）	气候	9
जलाशय	（阳）	水库	9
जल्दी	（阴）	快，迅速	5
जल्दी करना	（及）	快，迅速	5
जहाज़	（阳）	轮船	16
जाड़ा	（阳）	冬天	7
जाति-पांति	（阴）	种姓	1
जाति-व्यवस्था	（阴）	种姓制度	14
जान	（阴）	生命	3
जानबूझकर	（副）	故意地，有意地	3
जानवर	（阳）	动物	2
जारी	（形）	继续的	8
जारी रहना	（不及）	继续	8
जाल	（阳）	网	3
जाली	（阴）	网，格子	6
ज़िद	（阴）	坚定，顽强	3
ज़िद करना	（及）	固执	3
जीजान	（阳）	生命	5
जीजान से	（副）	竭尽全力地，全心全意地	5
जीना	（及）	生活	15
जीविका	（阴）	生计	3
जीवित	（形）	活着的	5
जुकाम	（阳）	感冒	4
को जुकाम होना	（不及）	感冒	4

जूट	（阳）	黄麻	10
जूठा	（形）	被弄脏了的	11
ज़ोर	（阳）	努力	3
ज़ोर लगाना	（及）	竭尽全力	3
जौ	（阳）	大麦	13
ज्वालामुखी	（阴）	火山	9

झ

झंझट	（阳）	麻烦	7
झटपट	（副）	立刻，迅速	7
झांसी	（地名）	章西	5
झुकाव	（阳）	倾向，趋向	1
की ओर झुकाव होना	（不及）	倾向	1
झोंपड़ी	（阴）	茅屋	3

ट

टकराना	（不及）	碰撞	7
टूटना	（不及）	断裂	12
टूट पड़ना	（不及）	猛扑	11

ठ

ठंड	（阴）	寒，冷	12
ठंडक	（阴）	寒冷	4
ठंडा	（形）	冷的，凉的	7
ठाट-बाट	（阳）	华贵，摆架子	4
ठिठुरना	（不及）	冻僵	4

ड

डगमगाना	（不及）	摇摆	4
डर	（阳）	害怕	16
डरना	（不及）	害怕	4
डालना	（及）	放入	8

डिग्री	（阴）	学位	15
डूब जाना	（不及）	沉入，沉没	4
डूब मरना	（不及）	淹死	4
डोलना	（不及）	摇摆	6

ढ

ढकना	（不及）	被掩盖	9
ढाल	（阴）	坡	10
ढीला	（形）	宽松的	10

त

तड़पना	（不及）	焦急不安	12
तरफ़	（阴）	方向，方面	6
ताज	（阳）	泰姬（陵）	6
ताजमहल	（阳）	泰姬陵	6
तारीख़	（阴）	日期	2
तिनका	（阳）	草，稻草	16
तिलहन	（阳）	油料作物	10
तीर	（阴）	箭	5
तीर चलाना	（及）	射箭	5
तीर्थस्थान	（阳）	圣地	14
तुरंत	（副）	马上，立即	2
तुलसी	（阴）	杜勒西（药用植物）	14
तूफ़ान	（阳）	风暴	8
तेईस	（数）	二十三	5
तेज़	（形）	锐利的	3
तेज़ी से	（副）	快速，急速	10
तेल	（阳）	油	13
तैयार	（形）	准备好了的	5
तैयार करना	（及）	准备	5

| तैयार होना | （不及） | 准备 | 5 |

थ

| थामना | （及） | 握住 | 8 |
| थोड़ी देर | （副） | 一会儿 | 2 |

द

दया	（阴）	仁慈	12
दया आना	（不及）	仁慈	12
दर्द	（阳）	痛	4
दलदल	（阴）	沼泽	9
दलिया	（阳）	粥	13
दवा	（阴）	药	4
दांत	（阳）	牙齿	3
दाढ़ी	（阴）	胡须	11
दाना	（阳）	颗粒	3
दाल	（阳）	豆子	10
दिखलाना	（及）	显示，表现	1
दिखाना	（及）	表现，显示	3
दिन	（阳）	白天，日子	12
दिन काटना	（及）	度日	12
दिल	（阳）	心，心脏	16
दिवस	（阳）	节日	16
दुखड़ा	（阳）	不幸，痛苦	8
दुखड़ा रोना	（不及）	哭诉不幸的遭遇	8
दुनिया	（阴）	世界	13
दुपट्टा	（阳）	披巾	12
दुबकना	（不及）	躲藏，龟缩	12
दुभाषिया	（阳）	翻译，口译者	9
दुर्गा	（阴）	难近母	14

शब्द-भंडार

दुश्मन	(阳)	敌人	5
दृष्टि	(阴)	视力；观点	10
देवता	(阳)	神	14
देवी	(阴)	女神，女士	12
देशभक्त	(阳)	爱国者	1
दौलत	(阳)	财富	15

ध

धक्का	(阳)	推，打击	7
को धक्का लगना	(不及)	推撞	7
धन	(阳)	财富，钱	8
धनी	(形)	富裕的	10
धमाका	(阳)	哗啦声	2
धर्म	(阳)	宗教	1
धर्म-ग्रंथ	(阳)	宗教圣典	14
धान	(阳)	稻谷，稻子	10
धुरन्धर	(形)	优秀的	16
धूल	(阴)	灰尘	7

न

नगर	(阳)	城市	10
नफ़रत	(阴)	仇恨，憎恨	15
से नफ़रत होना	(不及)	仇恨，憎恨	15
नमक	(阳)	盐	13
नमूना	(阳)	模型，模子	6
नम्बर	(阳)	数目；座号	10
नहर	(阴)	水渠	6
नहीं तो	(副)	否则	4
नाक	(阳)	鼻子	3
नाड़ी	(阴)	脉，脉搏	3

257

नामक	（形）	被称为……的	1
नाववाला	（阳）	船夫	4
निकालना	（及）	拿出，取出	4
नित्य	（副）	经常	13
निरंतर	（副）	不断地	16
निर्बल	（形）	没有力气的	8
निराश	（形）	失望的，灰心的	5
निर्भर	（形）	依靠	10
पर निर्भर रहना	（不及）	依靠	10
निर्माण-कार्य	（阳）	建设事业	10
निवासी	（阳）	居民	10
निहत्था	（形）	手无寸铁的	1
नुकसान	（阳）	损失，危害	11
नोबेल पुरस्कार	（阳）	诺贝尔奖	1
नौकरी	（阴）	工作，职位	15

प

पंख	（阳）	翅膀	12
पंजाब	（阳）	旁遮普邦	12
पकड़ना	（及）	捉住	5
पकाना	（及）	煮熟，烤熟	13
पक्षी	（阴）	鸟	9
पग	（阳）	脚，步伐	16
पछताना	（不及）	后悔	3
पठार	（阳）	高原	10
पड़ना	（不及）	落下，摆放	3
पतला	（形）	细小的，小的	6
पतवार	（阴）	舵	4
पत्थर	（阳）	石头	6

पथिक-गण	（阳）	游客们	16
पदार्थ	（阳）	物体，东西，物品	10
पन्द्रह	（数）	十五	4
परन्तु	（连）	但是	5
परिक्रमा	（阴）	道路	5
परिचय	（阳）	介绍	2
परिश्रम	（阳）	劳动，努力	6
परिश्रम करना	（及）	劳动，努力	6
परेशान	（形）	苦恼的，不安的	4
परेशानी	（阴）	苦恼，不安	11
पर्याप्त	（形）	足够的，充分的	10
पर्वतमाला	（阴）	山脉	10
पवित्र	（形）	神圣的	12
पशु	（阳）	动物	13
पहनावा	（阳）	衣着，服装	10
पहुंचना	（不及）	到达	1
पहुंचाना	（阳）	送到	8
पात्र	（阳）	人物，角色	1
पार	（阳）	对岸	4
पार करना	（及）	渡过	4
पारखी	（阳）	技师，行家	1
पारसी	（阳）	拜火教	14
पार्टी	（阴）	聚会；政党	5
पास में	（副）	附近	3
पिछला	（形）	以前的，前面的	2
पीछा	（阳）	背后	5
का पीछा करना	（及）	追赶	5
पुनर्जन्म	（阳）	转世，轮回	14

पुल	（阳）	桥	4
पुष्प	（阳）	花，花卉	12
पूर्व	（形）	从前的	15
पृथ्वी	（阴）	地球	8
पेट	（阳）	腹	8
पैंतीस	（数）	三十五	5
पैदा	（形）	生产的，产生的	9
पैदावार	（阴）	收成	10
पैसा	（阳）	钱，拜沙（印度货币单位）	4
पोशाक	（阳）	服装	12
पौधा	（阳）	苗，秧	13
पौष्टिक	（形）	有营养的	13
प्रकार	（阳）	种类	9
प्रकाश	（阳）	光线	6
प्रकाशित	（形）	发表了的	1
प्रकाशित होना	（不及）	出版	1
प्रति	（阴）	份，册	3
प्रतिदिन	（副）	每天	16
प्रतिमा	（阴）	天才，才智	1
प्रतिशत	（数）	百分之……	10
प्रत्येक	（形）	每一个	13
प्रभात	（阳）	黎明	12
प्रभाव	（阳）	影响，作用	10
पर प्रभाव डालना	（及）	产生影响	10
प्रमुख	（形）	主要的	10
प्रयाग	（地名）	普尔亚格	14
प्रवेश	（阳）	进入	6
प्रवेश करना	（及）	进入	6

प्रश्न	(阳)	问题	7
प्रसन्नता	(阴)	高兴	12
प्रसिद्ध	(形)	著名的，有名的	3
प्रस्तुत	(形)	准备好的	9
प्रस्तुत करना	(及)	准备	9
प्राचीन	(形)	古代的	9
प्राप्त	(形)	获得的	8
प्राप्त करना	(及)	获得	8
प्रासाद	(阳)	宫殿	16

फ

फंसना	(不及)	陷入	3
फटना	(不及)	破裂	2
फ़सल	(阴)	收获	10
फ़ुटपाथ	(阳)	人行道	3
फ़ुर्सत	(阴)	空闲	13
फूला न समाना		乐不可支，万分高兴	11
फ़ैशन	(阳)	式样，时髦	10
फ़ौरन	(副)	马上，立即	2
फ़ौवारा	(阳)	喷泉	5

ब

बंगला	(阴)	孟加拉语	1
बंगाल	(阳)	孟加拉	10
बकबक	(阴)	废话，饶舌	11
बकबक करना	(及)	说废话	11
बचना	(不及)	得救	4
बचपन	(阳)	童年	1
बचाना	(及)	得救	3
बजना	(不及)	（钟）敲	7

बढ़ाना	（及）	向前，前进	8
बदलना	（不及，及）	变化，改变	9
बन जाना	（不及）	成为，形成	2
बनना	（不及）	装作	7
बन्दरगाह	（阳）	港口	10
बरसात	（阴）	雨季	9
बर्फ़	（阴）	冰	9
बर्बाद	（形）	浪费了的；破坏了的	10
बहना	（不及）	流，淌	5
बहाना	（及）	流，淌	3
बहुसंख्यक	（形）	多数的	14
बांध	（阳）	堤，坝	9
बांधना	（及）	捆，绑；筑堤	5
बांह	（阴）	臂膀	7
बाग़	（阳）	花园	6
बाघ	（阳）	老虎	2
बाजरा	（阳）	黍	13
बादशाह	（阳）	皇帝	5
बार	（阴）	次数	1
बारहसिंगा	（阳）	一种多角牡鹿	16
बिखरना	（不及）	布满，散开	3
बिठवाना	（及）	扶坐，使坐	15
बिनौला	（阳）	棉籽	13
बिल	（阳）	洞，穴	3
बिहार	（阳）	比哈尔邦	10
बींधना	（及）	刺入，刺穿	7
बीच	（阳）	中间	6
बीस	（数）	二十	4

बुख़ार	（阳）	发烧	4
को बुख़ार आना	（不及）	发烧	4
बुद्ध	（阳）	佛陀	14
बुरी तरह	（副）	狼狈地	3
बुर्जी	（阴）	小塔	6
बूढ़ा	（阳）	老人，老头儿	4
बेगम	（阴）	夫人	6
बेचारा	（形）	不幸的，可怜的	8
बेवक़ूफ़	（形）	愚蠢的，无知的	7
बेवक़ूफ़ी	（阴）	愚蠢，无知	12
बेशक	（副）	毫无疑问	15
बैसाखी	（阴）	春节	12
बोना	（及）	播种	13
बौद्ध	（阳）	佛教	14
ब्रह्मा	（阳）	大梵天	14
ब्राह्मण	（阳）	婆罗门	14
ब्रह्मपुत्र	（阴）	布拉马普特拉河	10

भ

भगवद्गीता	（阳）	《薄伽梵歌》	14
भयानक	（形）	可怕的	9
भरना	（不及）	充满，灌输	1
भांगड़ा	（阳）	彭格拉舞	12
भाग	（阳）	部分	9
भागना	（不及）	逃跑	2
भाग्य	（阳）	命运	7
भात	（阳）	米饭	13
भाप	（阴）	蒸汽	13
भाप देना	（及）	蒸	13

भारी	（形）	重的	3
भावना	（阴）	情感，精神	1
भीगना	（不及）	湿透	12
भीतर	（副）	在内部	5
भुगतना	（及）	遭受	7
भूख	（阴）	饥饿	3
भुखा	（形）	饥饿的	3
भूमिका	（阴）	作用	9
भूल	（阴）	错误	15
भूलना	（不及）	忘记	5
भूसी	（阴）	糠	13
भेड़	（阴）	母绵羊	1
भेड़िया	（阳）	狼	2
भेद-भाव	（阳）	差别，歧视	1
भोजन	（阳）	饭	8
भौगोलिक	（形）	地理的	10
भ्रम	（阳）	迷误，错觉	11
भ्रम पड़ना	（不及）	陷入迷误	11

म

मंत्रमुग्ध	（形）	被法术迷惑的	5
मकबरा	（阳）	陵墓	6
मक्का	（阳）	玉米	13
मगर	（阳）	鳄鱼	16
मग्न	（形）	沉醉于……的	1
में मग्न रहना	（不及）	沉醉于	1
मज़दूरी	（阴）	工钱	8
मढ़ना	（及）	归罪于	15
मथुरा	（地名）	马土腊	14

शब्द-भंडार

मध्यप्रदेश	（阳）	中央邦	10
मनुष्य	（阳）	人，人类	4
मनोहर	（形）	迷人的，吸引人的	12
मस्तिष्क	（阳）	头脑	8
महाराज	（阳）	皇帝，大王	2
महाराष्ट्र	（阳）	马哈拉施特拉邦	13
मांग	（阴）	需要，要求	3
मात्रा	（阴）	数量	10
मानना	（及）	接受	12
मानव	（阳）	人类	9
मार्ग	（阳）	道路	9
मालूम	（形）	知道的	2
मालूम होना	（不及）	知道	2
मास्टर	（阳）	老师	16
मिटना	（不及）	消失	3
मिट्टी	（阴）	土，泥土	9
मित्र	（阳）	朋友	3
मिनट	（阴）	分钟	7
मिलना	（不及）	见面，相见	1
मिलना-जुलना	（不及）	团结，联合	11
मिलाना	（及）	联合，掺合，合并	11
मीनार	（阴）	尖塔	5
मुंह	（阳）	嘴，口	8
मुक्त	（形）	解放的，自由的	3
मुख्य	（形）	主要的	6
मुगल	（形）	莫卧儿的	6
मुड़ना	（不及）	转动，扭	15
मुमताजमहल	（人名）	穆姆泰姬莫赫尔	6

मुसीबत	（阴）	困难，麻烦	7
मुस्कराना	（不及）	微笑	4
मुहताज	（阳）	穷人	15
मूंछ	（阴）	胡子	12
मूर्खता	（阴）	愚蠢，无知	2
मूसलाधार	（形）	倾盆的	8
में लगना	（不及）	从事	12
मेमना	（阳）	小羊	11
मेला	（阳）	庙会，集市	13
मैदा	（阳）	细面粉	13
मैसूर	（阳）	迈索尔邦	10
मोच	（阴）	抽筋，扭伤	15
को मोच आना	（不及）	抽筋，扭伤	15
मोटर	（阴）	汽车	16
मोल लेना	（及）	抽取，买	7
मौज	（阴）	愉快，欢乐	10
मौज उड़ाना	（及）	享乐	10
मौसम	（阳）	季节，天气	8

य

यदि	（连）	假使，如果	4
यमुना	（阴）	朱木纳河	10
याद	（阴）	记忆，回忆	5
युक्ति	（阴）	方法，计策	3
युग	（阳）	时代	9
युद्ध-विद्या	（阴）	战术，军事学	5

र

रक्त	（阳）	血	8
रखना	（及）	放，放置	11

शब्द-भंडार

रचना	(阴)	著作，杰作	1
रचना	(及)	创作，写作	5
रवीन्द्रनाथ ठाकुर	(人名)	罗宾德罗纳特·泰戈尔	1
रस	(阳)	汁；精华	8
रहस्य	(阳)	秘密	16
राई	(阳)	芥子	2
राज	(阳)	统治，管理	5
राजकाज	(阳)	朝政	5
राजा	(阳)	国王	3
राज्य	(阳)	王国，统治	5
रानी	(阴)	女王，皇后	5
राम	(阳)	罗摩神	14
रास्ता	(阳)	道路	9
राष्ट्र-गान	(阳)	国歌	1
रिक्शा	(阳)	三轮车，人力车	7
रीढ़	(阴)	脊椎	9
रीढ़दार	(形)	有脊椎的	9
रुकना	(不及)	停下	5
रूई	(阴)	棉花	13
रेगिस्तान	(阳)	沙漠	9
रोकना	(及)	使停，阻止	7
रोशनदान	(阳)	天窗	5
रोशनी	(阳)	光亮	15
रौनक	(阴)	繁荣	12

ल

लक्ष्मीबाई	(人名)	拉什米巴伊	5
लगातार	(副)	不断地	5
लड़ना	(及，不及)	战斗，斗争	5

लड़ाई	（阴）	战争	5
लाचार	（形）	贫困的；被迫的	7
लाजवाब	（形）	无言以对的	11
लापरवाही	（阴）	粗心大意	11
लाभ	（阳）	好处，益处	
लाभदायक	（形）	有益的	3
लालिमा	（阴）	红色	12
लेटना	（不及）	躺下	12
लोहड़ी	（阴）	拜火节	12
लोहा	（阳）	铁	10
लौटना	（不及）	返回	1
लौटाना	（及，不及）	归还，退还	1

व

वर्ण-व्यवस्था	（阴）	种姓制度	14
वर्ष	（阳）	年	1
वर्षा	（阴）	雨	8
वसंत	（阳）	春天	11
वस्तु	（阴）	东西	9
वातावरण	（阳）	气氛，环境	1
वारदात	（阴）	事件	7
वाराणसी	（地名）	瓦腊纳西	14
वाह	（感）	啊，哎	11
विकास	（阳）	发展	9
विचार	（阳）	思想，观点	9
विचारक	（阳）	思想家	1
विचित्र	（形）	奇异的	12
विटामिन	（阴）	维生素	13
विदेश	（阳）	外国，外地	1

विद्या	（阳）	学术，学问	13
विद्यालय	（阳）	学校，学院	1
विधवा	（阴）	寡妇	5
विभाजित	（形）	被区分的	14
विभाजित करना	（及）	区别，分开	14
विलक्षण	（形）	特别的	1
विवाह	（阳）	结婚	5
विशेष	（形）	特别的	1
विशेषता	（阴）	特点	14
विश्वप्रेम	（阳）	人类之爱	1
विश्वास	（阳）	相信	10
विष्णु	（阳）	毗湿奴	14
वीरता	（阴）	英勇	5
वीरांगना	（阴）	女英雄	5
वृक्ष	（阳）	树	12
वेद	（阳）	吠陀	14
वैज्ञानिक	（阳）	科学家	9
वैश्य	（阳）	吠舍	14
वैष्णव	（阳）	毗湿奴派教徒	14
व्यर्थ	（形）	徒劳的，无用的	7
व्यर्थ में	（副）	徒劳地，无用地	7
व्यस्त	（形）	忙的	12

श

शक	（阳）	怀疑	3
शक्तिशाली	（形）	有力的	8
शरीर	（阳）	身体	7
शहीद	（阳）	烈士，志士	5
शान्तिनिकेतन	（阳）	和平村，寂园	1

शायद	(副)	也许	7
शासन	(阳)	统治	10
शाहजहां	(人名)	沙杰汗	6
शिकायत	(阴)	怨言，诉苦	8
शिकायत करना	(及)	抱怨，诉苦	8
शिकार	(阳)	打猎，猎物	11
शिकार खेलना	(及)	打猎	11
शिकारी	(阳)	猎人	3
शिक्षा	(阴)	教育	5
शिक्षा पाना	(及)	受教育	5
शिथिल	(形)	松散的；疲倦的	8
शिव	(阳)	湿婆	14
शीआन	(地名)	西安	1
शीघ्र	(副)	马上，很快地	1
शुरू	(阳)	开始	1
शुरू करना	(及)	开始	1
शूद्र	(阳)	首陀罗	14
शेक्सपियर	(人名)	莎士比亚	1
शेर	(阳)	狮子	14
शैली	(阴)	风格，方式	1
शैव	(阳)	湿婆派教徒	14
श्रीवृद्धि	(阴)	提高，发展	5
श्रीवृद्धि करना	(及)	提高，发展	5

स

संगठन	(阳)	组织	5
का संगठन करना	(及)	组织	5
संगठित	(形)	有组织的	5
संगठित करना	(及)	组织	5

संगम	(阳)	汇合处	13
संग्रह	(阳)	集子	8
संग्राम	(阳)	斗争	10
संप्रदाय	(阳)	教派	14
संभव	(形)	可能的	4
संभव करना	(及)	使可能	4
संसार	(阳)	世界	6
संस्कृति	(阴)	文化	10
संहार	(阳)	屠杀，毁灭	14
संहार करना	(及)	屠杀，毁灭	14
सचमुच	(副)	的确，真正	3
सजाना	(及)	装饰	12
सड़क	(阴)	道路，街道	7
सत्तर	(数)	七十	10
सत्तावन	(数)	五十七	5
सदुपयोग	(阳)	正确使用	7
सदुपयोग करना	(及)	正确使用	7
सन्	(阳)	公元纪年	1
सबक	(阳)	教训	11
सबक लेना	(及)	吸取教训	11
सभा	(阴)	会议	8
सभा करना	(及)	开会	8
सफलता	(阴)	成功，成绩	16
सभ्यता	(阴)	文明	10
समतल	(形)	平坦的	12
समाप्त	(形)	结束的，完成的	4
समुद्र	(阳)	海洋	16
सराहना	(及)	赞扬	1

सरो	（阳）	丝柏树	6
सर्दी लगना	（不及）	受寒，着凉	4
सलवार	（阴）	窄腿裤	12
सलाह	（阴）	劝告，建议	4
को सलाह देना	（及）	劝告，建议	4
सहसा	（副）	突然	7
सहायक	（形）	分支的	13
सहायक	（阳）	助手	13
सहारा	（阳）	帮助，援助	7
सहारा देना	（及）	帮助，援助	7
सहिष्णुता	（阴）	耐心，宽容	14
सही	（形）	正确的	8
सांप	（阳）	蛇	10
सागर	（阳）	海，海洋	9
सारनाथ	（地名）	鹿野苑	14
सारा	（形）	全部的	6
सावन	（阳）	印历五月	12
साहस	（阳）	勇气	5
साहस करना	（及）	鼓起勇气	12
सिंह	（阳）	狮子	2
सिक्का	（阳）	钱币	14
सिख	（阳）	锡克教徒，锡克教	12
सिद्धान्त	（阳）	理论	14
सिहरन	（阴）	发抖，颤抖	7
सीढ़ी	（阴）	台阶	5
सीधे	（副）	径直地，直接地	1
सीमा	（阴）	边界	10
सुखारी	（阴）	幸福	16

सुन्दरता	（阴）	漂亮，美丽	6
सुरंग	（阴）	隧道	9
सूअर	（阳）	猪	2
सूखा	（形）	干涸的，干的	9
सूझना	（不及）	想	3
सूती	（形）	棉织的	14
सूरज	（阳）	太阳	15
सृष्टि	（阴）	宇宙	14
सेंकना	（及）	烤，烘	13
सैंतालीस	（数）	四十七	10
सोचना	（及）	想，考虑	2
स्टेशन	（阳）	车站	1
स्तंभ	（阳）	柱子	14
स्तूप	（阳）	塔	14
स्त्री	（阴）	女人	7
स्वतंत्र	（形）	独立的，自治的	10
स्वतंत्रता	（阴）	独立，自治	10
स्तनपायी	（形）	哺乳的	9
स्थापना	（阴）	建立	10
की स्थापना करना	（及）	建立	10
स्थापित	（形）	建起来的	1
स्थापित करना	（及）	建立	1
स्वर्ण	（阳）	金子	12
स्वस्थ	（形）	健康的	4
स्वस्थ हो जाना	（不及）	恢复健康	4
स्वागत	（阳）	欢迎	1
का स्वागत करना	（及）	欢迎	1

ह

हड़ताल	（阴）	罢工	8
हड्डी	（阴）	骨头	9
हथौड़ा	（阳）	铁锤	8
हमला	（阳）	侵略，进攻	5
पर हमला करना	（及）	侵略，进攻	5
हरियाली	（阴）	绿色	12
हलका	（形）	微弱的，轻的	6
हारना	（不及）	失败	5
हाल	（阳）	情况	5
हालांकि	（连）	虽然	3
हिंसक	（形）	凶恶的	11
हितकारी	（形）	有好处的	8
हिन्दू	（阳）	印度教，印度教徒	14
हिरण	（阳）	鹿	2
हिस्सा	（阳）	部分	8
हैरान	（形）	惊奇的；不安的	4
हौज़	（阳）	水池	6